# AINSI PARLAIENT LAHCEN ET LHOUCEIN

## RACHID GUERRAOUI

Frogeraie Editions

# A comme Analphabétisme

Lahcen : Tu te rends compte de la proportion d'enfants marocains qui ne maîtrisent aucune langue quand ils vont au collège ?

Lhoucein : Combien ?

Lahcen : Deux tiers. Deux tiers des enfants seraient quasiment analphabètes après le primaire, sans parler bien sûr de ceux qui ne vont pas à l'école. Nous avons l'un des taux d'analphabétisme les plus élevés au monde.

Lhoucein : Et tu vas me dire qu'il faut encore augmenter le budget de l'éducation nationale ?

Lahcen : Oui, en le confiant à d'honnêtes comptables et en augmentant les salaires des enseignants.

Lhoucein : Et ou irais-tu chercher les sous ?

Lahcen : Pourquoi ne pas taxer les écoles privées ?

Lhoucein : Ca va me retomber dessus : mes deux enfants me coûtent déjà assez cher.

Lahcen : Il y a aussi le problème de la langue.

Lhoucein : Tu vas encore me dire qu'il faut remplacer l'arabe classique par le dialecte, la darija?

Lahcen : Je n'ai jamais dit cela.

Lhoucein : Il me semblait.

Lahcen : J'ai dit qu'il était nécessaire de réduire le fossé entre la langue parlée et la langue écrite. Ce fossé n'est pas la seule cause de notre analphabétisme, mais c'est une cause importante.

Lhoucein : Le fossé n'est pas si grand que cela, pas plus que dans les autres langues.

Lahcen : Pense à la phrase « réveille-toi, tu dois aller au boulot ». En français tu l'utilises aussi bien quand tu parles que quand tu écris. Même chose en allemand, en italien ou en anglais.

Lhoucein : Et alors ?

Lahcen : Fais le même exercice en arabe classique et en darija: tu verras le fossé. 1

Lhoucein : Et alors ?

Lahcen : N'importe quel algorithme de traitement de similarités te dira que la différence est énorme.

Lhoucein : Et c'est grave ?

Lahcen : Pour maîtriser l'écriture d'une langue, il faut la parler. Il faut réduire le fossé.

Lhoucein : Pour réduire le fossé, il faut que les marocains parlent mieux l'arabe classique.

Lahcen : L' histoire montre que cela marche rarement dans ce sens. Dans les pays développés aujourd'hui, la tendance a été de faire évoluer la langue écrite vers la langue parlée, pas le contraire.

Lhoucein : Ce que tu proposes est un nivellement par le bas, une solution de facilité.

Lahcen : Au contraire. Cela demande du courage et du travail. La solution de facilité est celle qui consiste à ne rien changer, la solution de la peur.

Lhoucein : De la peur ?

Lahcen : Oui, les gens ont souvent peur de changement, peur de perdre leurs privilèges.

Lhoucein : Quels privilèges ?

Lahcen : Tu te rappelles du quartier Latin à Paris ?

Lhoucein : Bien sûr. Le quartier avec plein d'universités.

Lahcen : En effet. Ce quartier est le quartier du savoir et ce savoir se dispensait en latin, d'où son nom. De nombreux érudits étaient contre le passage du latin au français car ils avaient peur de perdre leur pouvoir intellectuel. Les notables et le clergé avaient peur que les masses se mettent à comprendre

---

1 En darija « noud men n3ass khassek tmchi lkhdema » et en arabe classique « 9oum min anaoum yajibo 3alaika an tadhaba ila 3amalika »

des concepts abstraits, à avoir une conscience et un esprit critique, à remettre en cause l'ordre établi.

Lhoucein : Tu vas loin mon ami.

Lahcen : En se démocratisant, les grandes nations du monde ont fait évoluer leur langue écrite pour se rapprocher de l'oral : les russes, les chinois, les scandinaves, les allemands, les latins, etc.

Lhoucein : Quel est le rapport avec la démocratie ?

Lahcen : Quand une élite veut continuer à garder un peuple dans l'ignorance, elle fait en sorte de ne pas être comprise. Au Maroc, il y a d'une part, l'élite arabophone qui contrôle les consciences à travers la religion et d'autre part, l'élite francophone qui contrôle les sous à travers les affaires. La majorité ne contrôle rien, ni les lois ni les contrats, ni spirituel ni spiritueux.

Lhoucein : Il y a des enfants qui s'en sortent très bien dans le système actuel arabisé. C'est juste une question de moyens, pas de langue.

Lahcen : Il y a des enfants exceptionnels qui pourraient apprendre la topologie algébrique en langage des signes et des milieux favorisés dans lesquels les enfants sont tellement bien suivis qu'ils pourraient faire leur scolarité en ouzbek.

Lhoucein : Tu vois ?

Lahcen : Je vois quoi ? Nous parlons ici de faire accéder la très grande majorité à l'alphabétisme. C'est à dire de lui permettre de comprendre, et pas seulement de réciter, ce qu'elle lit et d'écrire ce qu'elle comprend.

Lhoucein : Mais l'arabe est la langue de nos ancêtres.

Lahcen : Tes ancêtres étaient doukkalis et abdis, ils ont parlé amazigh et darija: jamais l'arabe classique. L'arabisation est une invention récente pour nous anesthésier.

Lhoucein : En tout cas, l'arabe est une belle langue.

Lahcen : Bien sûr. Il ne s'agit pas ici de passer au japonais: juste de se rapprocher de la langue parlée.

Lhoucein : Tu te rends compte que tu veux rapprocher l'arabe d'un dialecte ?

Lahcen : Quelle est la différence entre une langue et un dialecte ?

Lhoucein : Une langue, c'est officiel.

Lahcen : Justement, la différence est « juste » l'officialisation.

Lhoucein : Et puis quelle darija faudrait-il officialiser ? Celle de Oujda ou celle de Casablanca ?

Lahcen : Quand un marocain du nord rencontre un marocain du sud, ils communiquent en darija, ou alors en français quand ils ont des sous, mais jamais en arabe. Il existe clairement un dénominateur commun aux différentes variantes de darija, compris par une grande majorité de marocains.

Lhoucein : En plus d'être une belle langue, l'arabe est une langue sacrée. C'est la langue du Coran. On ne peut pas y toucher. Nous sommes musulmans.

Lahcen : Les indonésiens et les turcs aussi sont musulmans. Pourtant ils ont fait en sorte que la langue qu'ils parlent soit proche de la langue qu'ils écrivent.

Lhoucein : Justement, ils ne touchent pas à la langue arabe. Toi tu veux la changer.

Lahcen : Alors il suffit de ne pas dire que l'on veut faire évoluer l'arabe mais que l'on structure la darija pour l'enseigner aux gens de manière écrite afin de les faire sortir de l'analphabétisme.

Lhoucein : C'est un combat vain. La darija ne s'écrira jamais.

Lahcen : Les gens l'écrivent tous les jours.

Lhoucein : Tu es sérieux ?

Lahcen : Dans les réseaux sociaux la plupart des jeunes écrivent en darija.

Lhoucein : Les jeunes sont paresseux et puis ce n'est pas très sérieux comme exemple.

Lahcen : Tu te rappelles en quelle langue était écrit le code pour notre examen du permis de conduire ?

Lhoucein : En darija, mais c'est parce que c'est un examen populaire.

Lahcen : Exactement. Quand on veut qu'un truc soit compris par tous, on l'écrit en darija.

Lhoucein : Cela reste andecdotique.

Lahcen : Quand un épicier écrit à son fournisseur, il écrit en darija. Quand un commerçant veut vendre son produit, il en fait la publicité en darija.

Lhoucein : Ça leur suffit non ?

Lahcen : Non, cela reste rudimentaire. Il faut structurer ce que les gens écrivent tous les jours en darija, de manière souvent chaotique, afin de leur permettre de mieux maitriser les idées, de lire le journal, de mieux comprendre le monde en l'intellectualisant et en échangeant les analyses.

Lhoucein : Et qui doit faire ce travail de structuration ? Des gens comme toi qui écrivent principalement en français ?

Lahcen : Il faudrait que des linguistes arabophones se penchent sur la question et que des intellectuels écrivent en darija. L'idéal serait de traduire un classique que les gens voudraient lire.

Lhoucein : Je te vois venir. Tu vas me dire qu'il faudrait traduire le Coran en darija n'est ce pas ?

Lahcen : Je ne pensais pas au Coran mais ce serait une bonne chose. Tout le monde dit qu'il faut mieux comprendre le Coran, alors pourquoi ne pas le traduire en darija ? Il y a bien des traductions en français et en anglais.

Lhoucein : Ce serait le meilleur moyen de couler ton projet. Plein de gens seraient contre.

Lahcen : Tu as raison.

Lhoucein : J'aime beaucoup quand tu dis que j'ai raison.

Lahcen : Peut-être faudrait-il traduire un classique moins polémique. Pourquoi pas l'Epître du pardon ?

Lhoucein : L'Epître de quoi ?

Lahcen : Le classique d'Abou Al Alaa El Maaari, qui parle de témoignages venus d'enfer et de paradis, de croyances et d'hypocrisie populaires. C'est un chef d'œuvre qui plairait aujourd'hui.

Lhoucein : Tu penses que les gens le liraient ?

Lahcen : Si c'est traduit en darija, oui.

Lhoucein : Et pourquoi ce livre en particulier ?

Lahcen : C'est le livre qui aurait inspiré Dante dans sa divine Comédie.

Lhoucein : Et alors ?

Lahcen : À l'époque de Dante, les italiens considéraient que seul le latin devait être utilisé pour la littérature. La langue parlée par Dante, le toscan, était vue comme un vulgaire dialecte.

Lhoucein : Et Dante a écrit son livre en toscan ?

Lahcen : Absolument.

Lhoucein : Et les gens ont aimé ?

Lahcen : Les lettrés étaient furieux, mais le peuple a adoré. La Divine Comédie a accéléré le passage du latin à l'italien. Aujourd'hui tout le monde trouve que l'italien est une belle langue.

Lhoucein : Je trouve l'italien très beau, mais je persiste à penser que la darija est vulgaire.

Lahcen : L'argument de la vulgarité traduit un mépris et une méfiance de beaucoup de marocains envers leurs semblables, voire envers une partie d'eux-mêmes. Aucune langue n'est intrinsèquement vulgaire. Ce sont les gens qui peuvent être vulgaires. On peut être vulgaire en italien, en latin ou en arabe, tout comme on peut être raffiné en darija.

Lhoucein : Raffiné en darija ?

Lahcen : Il suffit d'écouter du melhoun.

Lhoucein : J'adore le melhoun, et tu le sais.

Lahcen : Tu sais que « melhoun » signifie poésie maghrébine, diffusée d'après Ibn Khaldoune par les Almohades en darija.

Lhoucein : Tu me fatigues.

# B comme Bien

## (Par delà le bien et le mal)

Lahcen : Il y en avait du monde aux funérailles de ton grand frère.

Lhoucein : Oui, de la mosquée au cimetière, l'avenue était bondée.

Lahcen : C'était principalement la famille et les amis ?

Lhoucein : Pas du tout, la famille et les amis étaient juste ceux devant.

Lahcen : Et les autres ? Des gens qui travaillaient avec lui ?

Lhoucein : Il y en avait certes, car il avait un poste très important. Mais la majorité était juste des gens qui l'aimaient.

Lahcen : Des gens qui l'aimaient ?

Lhoucein : Des gens de toutes les conditions sociales l'adoraient, l'idolâtraient.

Lahcen : À ce point ?

Lhoucein : C'était un type bien tu sais.

Lahcen : Comme son frère j'imagine.

Lhoucein : Lui était spécial, un croyant sincère. Il ne ratait aucune prière, jamais une goutte d'alcool, même pas une bière halal. Il a continué à jeûner même quand il est tombé malade, jamais aucune cigarette. Un grand sportif. Une vie rythmée comme une horloge.

Lahcen : Ce n'est pas pour tout cela que les gens l'aimaient, si ?

Lhoucein : C'est pour cela qu'ils l'admiraient. Ils l'aimaient pour sa générosité.

Lahcen : Il leur donnait des sous ?

Lhoucein : Pas directement. Mais il aidait. Il suffisait que des gens lui demandent quelque chose, ou contactent d'autres membres de sa famille qui lui transmettaient une demande, et il aidait.

Lahcen : Mais il aidait comment tous ces gens ?

Lhoucein : Il leur trouvait du boulot. Il intervenait dans leurs affaires de justice. Il les aidait à avoir des bourses d'étude pour leurs enfants, des chambres à la cité universitaire. Il débloquait les permis de construction. Il obtenait des agréements de taxis pour des gens méritants.

Lahcen : Incroyable.

Lhoucein : Tu ne peux pas imaginer tout ce qu'il pouvait faire pour des gens qu'il avait juste croisés une fois.

Lahcen : Et il avait le pouvoir de faire tout cela ?

Lhoucein : C'était l'un des plus grands commis de l'état.

Lahcen : Mais il leur trouvait du boulot dans la fonction publique ?

Lhoucein : Oui, il a employé des centaines de personnes, peut-être des milliers. Grâce à lui des familles entières peuvent aujourd'hui vivre dignement.

Lahcen : Mais il y a des concours pour la fonction publique?

Lhoucein : Tu sais comment ça marche les concours chez nous.

Lahcen : Et tu dis qu'il intervenait dans les affaires de justice. Il appelait les juges ?

Lhoucein : Oui. Tout le monde le respectait. Un coup de fil et c'était réglé.

Lahcen : Et il pouvait appeler les doyens d'université pour les chambres à la cité ? Les gouverneurs pour les permis de construction bloqués ?

Lhoucein : Bien sûr. C'était quelqu'un d'hyper important je te dis. Il les croisait tous au golf ou à la mosquée. Tous le respectaient et craignaient de le contrarier tellement il était important.

Lahcen : Mais du coup, quand il aidait des gens, c'était au détriment d'autres gens, non ?

Lhoucein : Comment ça ?

Lahcen : Quand il obtenait un poste dans la fonction publique pour quelqu'un, c'était probablement au détriment de quelqu'un de plus méritant. Quand il intervenait dans une affaire de justice, c'était parfois contre le cours de cette justice. Quand il obtenait une chambre pour un étudiant à la cité, un autre étudiant avec de meilleures notes ne l'obtenait peut-être pas. Tout cela au bout du compte est moralement un peu limite, non ?

Lhoucein : Je t'arrête tout de suite. Mon frère n'était pas corrompu. Il n'a jamais touché un centime de ces gens. Il rendait service cela sans jamais rien leur demander.

Lahcen : Je n'ai jamais insinué cela.

Lhoucein : Tant mieux.

Lahcen : Je voulais juste dire qu'il prenait le risque de commettre des injustices.

Lhoucein : Tu préfères les gens qui ne prennent jamais de risques, qui ne font rien pour les autres c'est ça ?

Lahcen : Je dis juste que pour moi ce n'est pas « faire le bien » que de privilégier des gens par rapport à d'autres de manière arbitraire.

Lhoucein : Ce n'est pas de l'arbitraire. Il ne faisait cela qu'avec les gens bien. Il avait un jugement très aiguisé sur les gens et ne se trompait jamais. C'était un homme supérieur. Il pouvait se permettre de décider ce qu'il convenait de faire.

Lahcen : Mais alors à quoi servent les lois si n'importe qui se met à les violer ?

Lhoucein : Mon frère n'est pas n'importe qui. Je t'interdis de parler de lui comme cela. Le jour de ses funérailles en plus. C'était un saint.

Lahcen : Je m'excuse. Toutes mes condoléances encore une fois.

# C comme Concordisme

## (et Cousteau)

Lahcen : Le concordisme est en train de faire des ravages chez nos jeunes.

Lhoucein : Qu'appelles-tu concordisme ?

Lahcen : C'est un exégèse faisant coïncider des résultats scientifiques avec des textes religieux.

Lhoucein : Parle normalement.

Lahcen : Si je te dis que les médecins sont aujourd'hui unanimes qu'il est parfois bien de ne rien manger pendant toute une journée, tu me dirais quoi ?

Lhoucein : Je te dirai qu'ils confirment ce que dit l'islam qui nous demande de jeûner un mois par an. C'est un miracle scientifique car à l'époque de la revélation, on ne connaissait pas tous les bienfaits du jeûne. C'est l'une des nombreuses preuves que le Coran est une parole divine.

Lahcen : Et si je te dis que les médecins avertissent par contre qu'il est très mauvais de ne pas boire pendant plusieurs heures.

Lhoucein : Je répondrai qu'ils disent n'importe quoi.

Lahcen : C'est ça le concordisme.

Lhoucein : Et pourquoi parles-tu de ravages ? Tu insinues qu'il n'y a pas de miracles scentifiques dans le Coran ? De grands scientifiques occidentaux se sont convertis à l'islam quand ils y ont lu des miracles.

Lahcen : Qui ?

Lhoucein : Cousteau par exemple s'est converti à l'Islam avant de mourir.

Lahcen : Le commandant Cousteau ?

Lhoucein : Oui. Commandant et grand scientifique. Il a découvert que le Coran parlait de la barrière infranchissable entre les mers.

Lahcen : Tu parles de la rencontre entre un fleuve d'eau douce et une mer salée ?

Lhoucein : Absolument. Le Coran dit à plusieurs reprises que ces deux eaux ne se mélangent jamais. Elles sont séparées par une barrière infranchissable. C'est un miracle scientifique.

Lahcen : En quoi c'est un miracle ?

Lhoucein : Le Coran en a parlé il y a quatorze siècles.

Lahcen : Si tu vas à Azemmour à l'embouchure du fleuve, si tu te mets dans une barque et si tu te laisses aller vers la mer en buvant un peu d'eau tous les mètres, tu verras que l'eau sera douce jusqu'à un moment où elle deviendra d'un coup salée.

Lhoucein : Et alors ?

Lahcen : Les pêcheurs d'Azemmour ont certainement fait la même expérience il y a très longtemps. Cela n'en fait pas un miracle, si ?

Lhoucein : Le Coran a expliqué que cette barrière est infranchissable. C'est cela le miracle. Cela prouve que le Coran ne peut être que l'oeuvre d'une entité supérieure : Dieu.

Lahcen : En fait, on explique aujourd'hui que cette frontière entre les eaux est franchissable. Il y a un jeu de marée dynamique entre la mer et le fleuve qui forme une sinusoide et qui donne l'impression que les eaux ne se mélangent pas. Mais les eaux se mélangent en vérité.

Lhoucein : Comment ça ?

Lahcen : La salinité augmente au fur et à mesure, même si on ne la sent pas tout de suite. Ce que tu prends pour un miracle scientifique pourrait être retourné dans l'autre sens par des esprits malintentionnés qui diraient que c'est en fait une erreur.

Lhoucein : Et le miracle du foetus ? Le Coran explique que le foetus se forme à partir d'argile, puis d'une goutte de sperme, puis d'un embryon, puis d'os, et enfin de chair.

Lahcen : Aristote disait cela il y a plus longtemps.

Lhoucein : Oui mais pas avec cette précision. Aristote ne disait pas que les os se forment avant la chair par exemple. Le Coran est plus précis.

Lahcen : Mais on sait aujourd'hui que les os et la chair se forment en même temps. Les mêmes esprits malintentionnés pourraient aussi retourner cet argument et parler de nouveau d'erreur.

Lhoucein : Et le miracle du fer ? Le Coran dit que le fer vient des étoiles.

Lahcen : Mais les égyptiens le disaient déjà. Et puis toutes les molécules sur terre viennent des étoiles. Nous sommes des poussières d'étoiles. Il n'y a pas d'élément sur terre qui ne vienne pas d'une étoile.

Lhoucein : Et l'atome ? Le Coran utilise le mot atome pour parler de la petite chose sur terre. C'est un miracle pour l'époque non ?

Lahcen : On parle d'atome depuis l'Antiquité. Et puis on sait aujourd'hui qu'un atome est immense par rapport à ses électrons.

Lhoucein : Et le miracle du pharaon Ramses ? Le Coran dit qu'il est mort dans l'eau et les archéologues ont montré cela récemment.

Lahcen : C'est aussi décrit dans la Bible et dans les livres d'Héracles.

Lhoucein : Le Coran explique mieux comment le pharaon est mort englouti par les flots en essayant d'empêcher Moise de conduire les hébreux hors d'Egypte. Mais Moise a pu s'enfuir et ouvrir la mer avec son baton pour faire passer son peuple avant de refermer derrière lui, juste au moment où le pharaon traversait avec son armée.

Lahcen : À ce jour, il n'y a aucune trace des hébreux en Egypte pendant l'époque des pharaons. Il n'y a aucune trace de l'existence de Moise non plus. Ce sont des archéologues israéliens qui le disent. Tu ne vas pas me dire que c'est un complot sioniste ?

Lhoucein : On ne sait jamais.

Lahcen : De plus, selon une légende mésopotamienne, un roi aurait été abandonné sur l'Euphrate et recueilli par un jardinier qui l'aurait élevé comme son propre fils. Cela ne s'est pas passé en Egypte mais en Irak. De plus il y avait certes des esclaves en Egypte, mais rien à voir avec des hébreux d'après les historiens.

Lhoucein : Et alors ?

Lahcen : Donc non seulement il n'y a pas de traces archéologiques corroborant ce que tu dis, mais en plus celles qui existent racontent des histoires arrivées ailleurs ou à d'autres gens.

Lhoucein : Et le miracle du 19 ?

Lahcen : Le quoi ?

Lhoucein : Le 19 est un miracle mathématique du Coran. Le nombre de versets du Coran, le nombre d'occurrences du mot « Allah », le nombre de lettres dans le premier verset, le nombre d'occurences du mot « Abd », sont tous des multiples de 19. C'est d'une minutie miraculeuse.

Lahcen : Mon ami, mon cher ami: 19 est un nombre premier, un petit nombre premier. Les petits nombres premiers sont comme les molécules d'Hydrogène. Il y en a partout dans notre univers. Plus tu prends des grands nombres, plus la probabilité est élevée qu'ils soient multiples de petits nombres premiers.

Lhoucein : Tu m'embrouilles.

Lahcen : Quand je suis arrivé te rejoindre au café ce matin, tu lisais bien Asterix n'est ce pas ?

Lhoucein : Le dernier Asterix. Tu sais bien que c'est ma lecture préférée. Je les connais tous.

Lahcen : J'adore aussi. Il y a combien de lettres dans le mot Asterix ?

Lhoucein : 7.

Lahcen : Et qui a créé Asterix ?

Lhoucein : Goscinny et Uderzo.

Lahcen : la somme des lettres des deux noms fait $14 = 2 * 7$. Et que répète souvent Obelix au sujet des Romains, des Belges, des pirates etc ?

Lhoucein : « Ils sont fous ces » …

Lahcen : 14 lettres aussi. Et par quel paragraphe commencent les albums d'Asterix ?

Lhoucein : « Nous sommes en 50 avant Jésus-Christ. Toute la

Gaule est occupée par les Romains...Toute ? Non ! Car un village peuplé d'irréductibles Gaulois résiste encore et toujours à l'envahisseur. Et la vie n'est pas facile pour les garnisons de légionnaires romains des camps retranchés de Babaorum, Aquarium, Laudanum et Petibonum... »

Lahcen : Combien de mots ?

Lhoucein : 49: tu vas me dires que c'est 7*7, n'est ce pas ?

Lahcen : Oui. Et il y a eu combien d'albums d'Asterix ?

Lhoucein : 35: et tu vas me dire que c'est 7 * 5, n'est ce pas ?

Lahcen : Oui. Et si l'on compte le nombre d'occurrences du mot Asterix dans tous les albums, on peut facilement tomber sur un multiple de 7.

Lhoucein : Comment peux-tu en être sûr ?

Lahcen : Il y a en gros 20 occurrences du mot Asterix par album. Cela fait autour de 700 au total.

Lhoucein : Oui mais si le nombre total n'est pas 700 ?

Lahcen : Et bien autour de 700, il y a 686, 693, 707, 714 qui sont tous des multiples de 7. Suivant le nombre sur lequel on tombe en comptant les occurrences du mot Asterix dans tous les albums, on peut aussi rajouter les occurrences du mot Asterix qu'il y a dans le titre, celle qu'il y a sur le quatrième de couverture, les quatre qu'il y a à la 4ème page, ou n'importe quelle combinaison de celles ci. On finira par tomber sur un multiple de 7.

Lhoucein : C'est tiré par les cheveux.

Lahcen : On peut faire la même chose pour le nombre total de mots dans tous les albums d'Asterix- Disons qu'il y a 200 mots par page dans un album et 48 pages par album. Cela fait 336.000 mots, c'est à dire 7 * 48.000.

Lhoucein : Et alors ?

Lahcen : Alors on va en déduire qu'Asterix est un miracle ? On va se mettre à manger du sanglier et boire de la cervoise ? On va se mettre à porter des menhirs et aller en pélerinage en Armorique ?

Lhoucein : N'importe quoi.

Lahcen : Tu penses qu'Al Khawarizmi, qui avait traduit les

éléments d'Euclide et avait compris la subtilité des nombres premiers, avant d'inventer l'Algèbre et de faire avancer l'arithmétique comme personne avant lui, croyait au miracle du nombre 19 ?

Lhoucein : Je ne suis pas mathématicien.

Lahcen : Pas besoin d'être mathématicien pour comprendre ce que j'essaye de te dire.

Lhoucein : Tu penses donc vraiment qu'il n'y a aucun miracle scientifique dans le Coran ?

Lahcen : Non seulement je n'y crois pas, mais je pense que ce concordisme est dangereux pour les musulmans.

Louhcein: Dangereux ?

Lahcen : Oui. C'est une invitation à la paresse intellectuelle que de se dire que nous avons déjà tout dans notre livre, au lieu de se mettre au travail et d'étudier ce que font les autres comme le faisaient les scientifiques de l'âge d'or du monde musulman.

Lhoucein : Tu exagères. L'islam invite à l'effort intellectuel.

Lahcen : Par ailleurs, les scientifiques rigolent de ce concordisme. Tu penses bien que si de tels miracles existaient dans les livres religieux, les grands centres de recherche dans le monde seraient pleins de croyants. La plupart sont au contraire agnostiques ou athées.

Lhoucein : Ceux dont tu me parles ne sont pas vraiment de grands scientifiques.

Lahcen : Et ils deviennent grands quand ils se convertissent ?

Lhoucein : Absolument. Ils deviennent humbles.

Lahcen : Tu es sérieux ?

Lhoucein : Bien sûr. Même Einstein disait que la science n'avait aucun sens sans religion.

Lahcen : Einstein parlait de religion au sens spiritualité et recherche de sens.

Lhoucein : Exactement.

Lahcen : Einstein disait aussi que les livres religieux étaient des fables pour adultes qui ne voulaient pas grandir.

Lhoucein : Tu es sûr qu'il a dit cela ?

Lhoucein : Oui. Pourquoi ne pas considérer le Coran comme

livre spirituel et le séparer de la science ? C'est entre les deux qu'il faudrait une barrière infranchissable. D'un côté la foi et les croyances, de l'autre le savoir et la connaissance. On se ridiculise en essayant de franchir cette barrière justement

Lhoucein : Et pourquoi Cousteau s'est-il converti ?

Lahcen : Les obsèques de Cousteau ont été célébrées à l'église Notre Dame  de Paris et il est enterré dans un cimetière catholique sans jamais avoir été vraiment religieux. J'avais suivi cela à la télé.

Lhoucein : Tu en es sûr ?

Lahcen : Oui. Pourquoi faut-il que l'on se gargarise que Cousteau, Tyson, Ribery ou Tintin se convertissent à l'islam ? Souvent ce n'est même pas vrai et puis ça traduit un complexe d'infériorité.

Lhoucein : Parle pour toi.

Lahcen : Ok.

# D comme Dilemmes

Lahcen : En fait, mon ami, avec cette actualité de violence autour de l'islam dans le monde, je crois que tu vis régulièrement un vrai dilemme.

Lhoucein : Quel dilemme ?

Lahcen : À chaque fois que tu te sens interpellé au sujet du Coran, tu vis le dilemme du « musulman modéré ».

Lhoucein : Explique.

Lahcen : Si tu dis que le Coran s'applique tel quel et en tout temps, on t'accuse d'encourager le terrorisme. On te sort les versets qui appellent à tuer les mécréants et à détruire des statues. On te parle des frères Kouachi, de Boko Haram, de Daech. On te met face à tes contradictions en te disant que toi-même tu n'appliques pas tout.

Lhoucein : Et si je ne dis pas ça ?

Lahcen : Si tu dis le contraire, si tu dis qu'il ne faut pas appliquer le Coran à la lettre, tu es accusé d'être un mauvais musulman par les tiens. Toi qui a grandi avec l'idée que, contrairement aux autres livres saints, le Coran est la parole de Dieu, qu'il doit toujours s'appliquer tel quel.

Lhoucein : Et alors ?

Lahcen : Du coup quand on te demande de prendre position, tu attaques ou tu bottes en touche. Tu parles de Breivik, de la Palestine, de Dieudonné, de la Birmanie.

Lhoucein : Tu caricatures un peu.

Lahcen : À peine.

Lhoucein : Mais toi aussi cher ami tu vis un vrai dilemme.

Lahcen : Ah bon ?

Lhoucein : Tu vis le dilemme de « l'agnostique tribal ».

Lahcen : Ça veut dire quoi ?

Lhoucein : Jeune tu étais un bon musulman. Tu ne ratais aucune prière. Tu récitais plein de versets. Tu étais parfaitement intégré aux tiens, à ta tribu. J'espère que tu t'en souviens.

Lahcen : Bien sûr que je m'en souviens.

Lhoucein : Et puis, avec tes voyages, tes rencontres et tes lectures subversives, tu as commencé à douter de plus en plus, jusqu'à ne plus croire. Jusqu'à même devenir allergique à ta religion qui pendant ce temps devenait de plus en plus présente dans ta tribu.

Lahcen : Et il est où le dilemme ?

Lhoucein : D'un côté, à chaque fois que tu lis des trucs religieux dans le monde scientifique, à chaque fois que tu entends des prises de position religieuses sur la vie publique, que des gens te sortent des versets pour justifier ceci ou cela, tu as envie de leur dire que c'est n'importe quoi. Tu as envie de leur dire que c'est un manque de maturité que de croire en tout cela, que c'est une cause de sous-développement, qu'il faut se réveiller.

Lahcen : Et de l'autre ?

Lhoucein : Et de l'autre côté, il y a ton reflexe de loyauté tribale: tu ne veux pas dire, ou même laisser dire, des choses qui blessent les tiens sur leur religion qui représente tant pour eux. Tu ne veux pas donner du grain à moudre aux racistes qui applaudiraient ce que tu dis.

Lahcen : Et alors ?

Lhoucein : Alors toi aussi tu es coincé. Tu utilises des formules détournées pour critiquer les croyances et les traditions de ton enfance, de ta tribu. Tu mets des gants, parfois même des moufles.

Lahcen : Tu as un peu raison, sans parler de ma trouille des fatwas.

# E Comme Extinction (et Eternité)

Lahcen : Qu'est ce que tu espères le plus, plus que tout ?

Lhoucein : Aller au paradis avec ma famille rejoindre mes parents. Avec toi aussi si tu veux bien faire un effort.

Lahcen : Tu espères cela pour quand ?

Lhoucein : Après le jugement dernier, si Dieu estime que je mérite le paradis.

Lahcen : Je suis sûr que tu le mérites. Mais ce serait juste après ta mort ? Pendant que d'autres vivent encore sur terre ?

Lhoucein : Non. Tout le monde sera jugé en même temps.

Lahcen : Pour l'instant personne n'y est encore au paradis, même pas tes parents, n'est ce pas ?

Lhoucein : En effet.

Lahcen : Alors ce sera pour quand ce jugement dernier ?

Lhoucein : Quand tout le monde sera mort.

Lahcen : Et si certains ne meurent jamais ?

Lhoucein : De quoi tu parles ?

Lahcen : Beaucoup de scientifiques, y compris des directeurs chez Google, parlent de créer un homme immortel en greffant notre mémoire, voire notre cerveau, sur des robots qui pourraient vivre éternellement: une nouvelle espèce de transhumains.

Lhoucein : Une nouvelle espèce ?

Lhoucein : Oui. Après tout, il y a eu des espèces avant nous, il y en aura probablement après.

Lahcen : Je ne sais pas s'il y a vraiment eu des espèces avant nous, mais je sais qu'ils peuvent vivre aussi longtemps qu'ils voudront les transhumains de Google, la terre explosera, et eux avec. Les scientifiques le savent qu'elle explosera. Personne n'échappera au jugement dernier après cette explosion.

Lahcen : Mais ces robots humanisés, ces transhumains, seront peut-être envoyés sur Mars. Ils pourront peut-être y vivre avec des implants numériques au lien des organes fragiles que nous avons. Ils n'auront pas besoin d'oxygène. Ce seront des extraterrestres créés par les terrestres.

Lhoucein : L'extinction arrivera de toutes les façons quand le système solaire explosera et Mars avec. Les scientifiques savent que le soleil explosera dans quelques centaines de milliers d'années.

Lahcen : Les transhumains seront peut-être déjà partis dans un autre système que le solaire. Il y en a des milliers. Les transhumains iront peut-être vivre au fin fond de la voie lactée. Ils découvriront d'autres endroits où vivre comme nous avons découvert de nouveaux continents. Nous n'en sommes peut-être qu'au tout début d'une longue aventure, peut-être éternelle.

Lhoucein : Alors le jugement dernier aura lieu quand l'univers explosera.

Lahcen : Les scientifiques parlent de possibilité d'un univers en perpétuelle expansion, et même d'univers parallèles. La vie pourrait ne jamais s'éteindre, en particulier pour une nouvelle espèce transhumaine.

Lhoucein : Le monde a bien eu un début. Il doit avoir une fin.

Lahcen : Il n'est pas sûr qu'il y ait eu un début. On sait qu'il y a eu une grande explosion, un big bang. Mais on ne sait pas encore ce qu'il y avait avant ce big bang. Certains scientifiques parlent de cycles perpétuels, donc pas forcément de début, ni forcément de fin.

Lhoucein : Il faut arrêter avec ces délires. Tu es convaincu toi-même des trucs que tu me racontes ?

Lahcen : Bien sûr que non. Je ne suis pas convaincu de grand-chose. Mais ce sont des hypothèses. Le fait que la vie soit éternelle est une hypothèse.

Lhoucein : C'est une hypothèse impossible.

Lahcen : Pourquoi ?

Lhoucein : Parce que sinon le jugement dernier n'aurait plus aucun sens.

Lahcen : En effet.

# F comme Féminisme

Lhoucein : Les féministes sont folles, complètement à côté de la plaque.

Lahcen : Pourquoi tu dis ça ?

Lhoucein : Elles veulent absolument ressembler à des hommes. Cela en devient ridicule.

Lahcen : Note qu'il y a aussi des hommes féministes.

Lhoucein : Ce ne sont pas de vrais hommes. Ils sont souvent efféminés d'ailleurs ceux-là.

Lahcen : N'importe quoi. Et en quoi les féministes seraient-ils à côté de la plaque ?

Lhoucein : La différence physiologique entre les deux sexes existe. C'est un fait scientifique. Dire que les deux sexes sont les mêmes est un non-sens.

Lahcen : Le féminisme revendique l'égalité des droits, pas l'égalité physiologique.

Lhoucein : Il faut des droits complémentaires parce que la femme est physiologiquement complémentaire à l'homme. C'est la logique même.

Lahcen : En gros l'homme est responsable des sous et de la télécommande, pendant que la femme se charge des couches et de la lessive. C'est cela la complémentarité ?

Lhoucein : Je ne dis pas cela. Tu caricatures.

Lahcen : Alors tu dis quoi ?

Lhoucein : La femme a des capacités différentes de celles de l'homme. Pourquoi aurait-elle les mêmes droits et les mêmes devoirs ? Les femmes sont plus sensibles mais moins fortes physiquement. Les disciplines sportives sont par exemple séparées aux jeux olympiques. Il faut donc que la femme ait des activitées adaptées à sa physiologie.

Lahcen : Avant, il y avait deux sortes de boulots: aller à la chasse au mamouth ou s'assurer que le feu reste allumé dans la grotte en surveillant son foyer. Mais ça c'était avant.

Lhoucein : Cela n'a pas beaucoup changé, tu sais.

Lahcen : Aujourd'hui la plupart des emplois ne demandent pas de force physique majeure. La femme en a plus qu'il n'en faut pour la plupart. Il n'y a aucune raison qu'elle n'ait pas les mêmes droits lorsqu'elle fait un travail similaire.

Lhoucein : Même quand elle a le même travail, la femme ne le fait pas de la même manière que l'homme. Elle est moins rationnelle, plus instincitive, plus émotionnelle.

Lahcen : Bizarre. Des fois tu dis que l'homme n'a pas besoin de se couvrir les jambes et les cheveux car la femme contrôle mieux ses envies et que l'homme est trop instinctif. Là tu expliques que la femme ne peut avoir de responsabilités car elle est plus émotionnelle. Tu te contredis non ?

Lhoucein : Soyons sérieux. En plus du handicap physique, la femme n'a juste pas les capacités intellectuelles pour des postes à responsabilités.

Lahcen : Toutes les études scientifiques sérieuses démontrent qu'il n'y a pas plus de différence entre le cerveau d'une femme et celui d'un homme, qu'entre les cerveaux de deux hommes.

Lhoucein : Si c'était vrai, on le saurait.

Lahcen : Les Hypatie, Marie (Curie pas la vierge), Ada, Margaret, Angela (Merkel, et même Jolie), Benazir ou Indira sont autant d'exemples que les capacités intellectuelles des femmes n'ont rien à envier à celles des hommes. Les meilleures notes au bac sont obtenues par des filles. Cette année la médaille Fields a été obtenue par une iranienne qui vit en Amérique.

Lhoucein : C'est quoi la médaille Fields ?

Lahcen : Le prix Nobel de mathématiques.

Lhoucein : Et son père, il dit quoi ?

Lahcen : Son père doit être fier.

Lhoucein : Je n'aimerai être à sa place. Ce sont des ennuis en perspective.

Lahcen : Des ennuis ?

Lhoucein : Je parie qu'elle n'est pas voilée. Les siens la verront à la télé sans voile. Son père sera tenu pour responsable de sa tenue vestimentaire quand elle rentrera en Iran.

Lahcen : Tu vas aussi me dire que c'est un complot occidental pour embêter l'Iran ?

Lhoucein : Qui sait ? Et je ne parle pas de son mari.

Lahcen : Qu'est ce qu'il a son mari ?

Lhoucein : Il va lui falloir deux médailles Fields pour retrouver sa virilité.

Lahcen : Et si son mari était juste content pour sa femme ?

Lhoucein : Elle sous les feux des projecteurs, exposée au regard de tous ces mâles, et lui anonyme dans la foule, est content pour elle ?

Lahcen : Et pourquoi pas ?

Lhoucein : Il te faut vraiment une autre grille de lecture mon ami, loin des médailles Fields et des distinctions occidentales.

Lahcen : Et que dit cette grille ?

Lhoucein : Dans notre culture, la femme ne doit pas être en concurrence avec les hommes. Il ne lui faut pas de médailles mais des bijoux. Elle est une perle qu'il ne faut pas mettre sous les feux des projecteurs au risque de l'abîmer. Elle a besoin de protection. C'est notre féminisme à nous.

Lahcen : Et si elle ne veut pas de cette protection ? Et si elle veut être indépendante et travailler ?

Lhoucein : Si elle veut travailler en dehors de son foyer, il faut que cela soit un travail adapté à ses possibilités comme je t'ai dit, et juste pour son argent de poche.

Lahcen : Ceux qui disent cela sont rarement choqués que la femme, cette perle, parte tous les jours, son bébé sur le dos, chercher du bois au fond de la vallée, ou de l'eau en haut d'une montagne, pendant que son mari joue aux cartes.

Lhoucein : Mais regarde ce qui se passe dans les pays où ton féminisme a gagné. La situation des femmes a parfois même empiré par rapport au temps où elles étaient sous la protection des hommes. Aujourd'hui c'est la culture de la femme « objet » qui prime.

Lahcen : C'est un peu comme s'opposer à l'abolition de l'esclavage pendant la guerre de sécession en expliquant que la situation de certains noirs en Amérique est pire que quand ils étaient sous la protection des grands cultivateurs de cotons. Abolir les inégalités dans une constitution n'est pas une condition suffisante à l'abolition de ces inégalités dans les faits. Mais c'est une condition nécessaire.

Lhoucein : De toutes les manières, dans notre constitution marocaine aujourd'hui, les femmes ont les mêmes droits que les hommes. Le combat des associations féministes que tu défends est inutile.

Lahcen : La constitution dit que la femme jouit des même droits que les hommes, tant que les constantes sociétales et religieuses sont respectées. C'est comme si on avait le droit de construire des fusées mais avec la physique d'avant Galilée et Newton. La terre était supposée plate et sans gravitation.

Lhoucein : De toutes les manières, personne n'a vraiment de droits dans notre pays. Le féminisme n'est pas prioritaire. Ce qui est prioritaire, c'est de sortir du sous-développement.

Lahcen : Comme disait le visionnaire Taha Hussein, seule une femme émancipée peut enfanter une génération d'individus capables de sortir leur pays du sous-développement.

Lhoucein : De la théorie bourgeoise tout cela. Elles étaient où les associations féministes quand la pauvre Fatiha s'est immolée après que le caid lui a confisqué sa marchandise ?

Lahcen : Ce qui est arrivé à la pauvre Fatiha est terrible, mais cela n'a rien à voir avec le combat féministe.

Lhoucein : Serait-elle trop pauvre pour être digne d'être défendue par les féministes ?

Lahcen : Non. C'est comme si tu reprochais aux associations contre le racisme en Europe de ne pas intervenir quand une entreprise licencie abusivement des salariés, de différentes origines.

Lhoucein : Je ne comprends pas ton analogie mon ami.

Lahcen : Le caid n'a pas confisqué la marchandise de Fatiha

parce que c'est une femme. Ils font la même chose avec des hommes. C'est terrible, mais cela n'a rien à voir avec le féminisme.

Lhoucein : En tout cas, les gens chez nous sont majoritairement contre ton féminisme.

Lahcen : Il y a beaucoup de lâcheté.

Lhoucein : Lâcheté ?

Lahcen : L'homme est content d'avoir une esclave qui le sert et admire ses exploits. L'affranchir demande beaucoup de courage, surtout dans une culture de soumission entre les hommes eux-mêmes.

Lhoucein : De quelle soumission entre les hommes parles-tu ?

Lahcen : L'homme, humilié à l'extérieur par son chef ou par l'agent d'autorité, a besoin d'être admiré chez lui par sa mère puis sa femme.

Lhoucein : Et pourquoi beaucoup de femmes sont contre ton féminisme ?

Lahcen : Beaucoup de femmes suisses étaient contre leur droit de vote au début des années 80. En fait, si elles avaient pu voter, la loi leur donnant le droit de vote ne serait probablement pas passée. Aujourd'hui, ces mêmes femmes suisses trouveraient scandaleux qu'on les empêche de voter.

Lhoucein : C'est un peu loin de chez nous tout ça. Je te parle des femmes de chez nous qui sont anti-féministes, parfois issues d'un milieu instruit.

Lahcen : Les bourgeoises anti-féministes vivent elles-mêmes dans des environnements féodaux avec de nombreux esclaves à leur service: une femme dont la seule préoccupation est de décider de la couleur de la nappe et du menu pour ses réceptions ne se révolte pas souvent. De plus, les féministes leur font de l'ombre et leur renvoient l'image de leur soumission, elles qui aiment se penser en haut d'une pyramide.

Lhoucein : Il y a aussi des femmes qui ne sont pas de grandes bourgeoises et qui sont anti-féministes. Certaines sont très pauvres.

Lahcen : Absolument. Pense aux esclaves en Amérique. Au delà de la punition qu'ils risquaient, beaucoup n'osaient pas se révolter, de peur de devoir prendre leur destin en main.

Lhoucein : En gros si ma femme Zoubida et moi sommes anti-féministes, c'est par lâcheté, c'est ça ?

Lahcen : Je parle des autres, pas de vous.

Lhoucein : écoute mon ami. Cette évolution féministe propagée par des gens comme toi est malsaine. On commence d'ailleurs à voir ces effets dangereux chez nous qu'il faut combattre.

Lahcen : Par exemple ?

Lhoucein : Ce matin, au café, à côté de moi, un couple. Elle d'allure riche, marocaine, au moins 40 ans. Lui, très jeune et pas très bien habillé, maximum 20 ans. Elle pourrait être sa mère.

Lahcen : Ça te choque qu'elle soit plus âgée que lui ?

Lhoucein : C'est contre-nature.

Lahcen : Tu aimes bien utiliser la nature quand cela t'arrange. Ça te choque plus que l'inverse ?

Lhoucein : Si Dieu voulait que ce soit le contraire, ce sont les hommes qui ne pourraient plus avoir d'enfants après un certain âge. Pas les femmes.

Lahcen : Et ça te choque qu'elle soit plus riche que lui ?

Lhoucein : C'est elle qui lui donnera son argent de poche ? La honte. Il a l'air en plus de bosser pour elle. Elle lui dit quoi faire. Tu vois le tableau ?

Lahcen : Je vois. Et ça te choque qu'elle soit marocaine ?

Lhoucein : Bien sûr. Avant on pouvait voir cela avec des étrangères qui venaient parfois sortir avec des jeunes de chez-nous. Je me disais qu'au moins ces jeunes pouvaient avoir des visas. Mais une marocaine ? Quel intérêt ?

Lahcen : Ils sont peut-être juste amoureux ?

Lhoucein : Je te dis qu'elle a sûrement le double de son âge.

Lahcen : Et comment sais-tu au fait que c'était son mec ?

Lhoucein : Elle l'appelait Sidi Mohammed Leghzal (le magnifique) et il l'appelait Lalla Khadouj Leghzala.

Lahcen : Comme Khadija et le prophète Mohammed ? Ils avaient les âges de ceux dont tu me parles quand ils se sont connus, non ?

Lhoucein : Comment oses-tu comparer ? En tout cas, je m'en fiche moi de ton féminisme tant que Zoubida ne m'emmerde pas avec.

Lahcen : Ok.

# G comme Gène

## (Gène du tipi)

Lhoucein : Tu as entendu la terrible rumeur qui circule dans le quartier ?

Lahcen : Je ne pense pas.

Lhoucein : La fille des voisins aurait déclaré sur son mur Facebook qu'elle était lesbienne.

Lahcen : Comment ça ?

Lhoucein : Elle aurait mis une photo d'elle avec une autre fille. Quand quelqu'un a commenté sur son mur en lui demandant qui était l'autre, elle a répondu que c'était son amoureuse.

Lahcen : Et en quoi cela serait-il terrible ? Tu étais amoureux d'elle ?

Lhoucein : Arrête avec ton humour. Zoubida va t'entendre.

Lahcen : Mais en quoi est-ce grave ? Elle va être arrêtée ?

Lhoucein : Non. Elle habite en Europe. C'est permis chez eux.

Lahcen : Alors où est le problème ?

Lhoucein : Mais c'est la honte sur ses parents, sur toute sa famille, sur notre quartier et j'irai même jusqu'à dire sur tout notre pays.

Lahcen : Tu exagères.

Lhoucein : Pas du tout. Elle ne se rend pas compte du mal qu'elle nous fait.

Lahcen : Tu vas trop loin mon ami. Quand bien même on estime qu'elle n'aurait pas du exposer sa vie privée en public, c'est sa vie non ?

Lhoucein : Pas du tout. Elle mérite une punition exemplaire.

Lahcen : Quand une belge, une portugaise ou une brésilienne dit qu'elle est les lesbienne, elle ne représente pas son pays quand même, si ?

Lhoucein : Nous sommes différents. Nous nous sentons concernés quand l'un des nôtres fait quelque chose. Il y a une difference.

Lahcen : Tu as en effet raison. Il y a une différence.

Lhoucein : J'aime quand tu dis ça.

Lahcen : Je crois même que j'ai une petite thèse sur la nature de la différence.

Lhoucein : Je crains le pire mais vas y, développe ta thèse.

Lahcen : La différence c'est que nous, nous avons encore ce fichu gène du tipi.

Lhoucein : Comment ça le tipi ?

Lahcen : Le tipi est une grande tente dans laquelle on dort à plusieurs, parfois jusqu'à vingt.

Lhoucein : Tu veux dire comme dans Lucky Luke ?

Lahcen : Oui. Les indiens d'Amérique vivaient dans les tipis. Ils transportaient leurs tipis pour construire de nouveaux camps en fonction des saisons et des humeurs des bisons.

Lhoucein : Et alors ?

Lahcen : Dans une société de tipis, personne n'existe vraiment. Seul le tipi existe. Le tipi lui même fait partie du camp, qui à son tour fait partie de la tribu. Tout le monde dort ensemble, bouge ensemble, chasse ensemble, survit ensemble.

Lhoucein : Et alors ?

Lahcen : Quand un navajo fait un truc, tous les autres navajos se sentent concernés. Même ceux qui ne le connaissent pas sont prêts à le défendre s'il est attaqué, même s'il est fautif. Mais ils sont aussi prêts à le tuer s'il fait un truc qu'ils estiment déshonorant pour eux. Ils peuvent brûler tout son tipi et ceux qui sont dedans, ou se châtier eux même à cause de cela. Tout le monde forme le même corps.

Lhoucein : Et tu vas me dire que nous sommes comme cela, comme les indiens d'Amérique ?

Lahcen : De ce point de vue oui. Nous et tout ce que l'on appelle le « monde arabe ». C'est un peu comme si les marocains étaient les navajos, les algériens les sioux, les egyptiens les apaches, etc. Les blancs nous ont divisés et exploitent nos divisions, mais nous sommes pareils: tous avec le gène du tipi.

Lhoucein : Et pourquoi aurions-nous ce gène ?

Lahcen : Nous avons hérité ce gène des arabes qui étaient nomades dans le désert et qui vivaient dans leurs tipis.

Lhoucein : Mais ils n'étaient pas tous nomades ?

Lahcen : Le mot « arabe » designerait à la base les nomades du désert qui vivaient dans des tentes.

Lhoucein : Tu dis en général que nous ne sommes pas arabes mais amazighs.

Lahcen : Oui, mais nous avons été arabisés. Les vainqueurs nous ont transmis ce gène, le gène du tipi. C'est un gène au sens sociologique, pas biologique.

Lhoucein : Mais nous ne vivons pas dans les tentes, nous.

Lahcen : Les gens parfois continuent à vivre ensemble au sein de grandes familles.

Lhoucein : C'est une question de moyens.

Lahcen : Ce n'est pas une question de moyens. Nous continuons à dormir dans le même salon, même s'il y a des chambres vides. On garde encore le gène.

Lhoucein : C'est juste pour les fêtes. Et je te dis que c'est souvent une question de moyens.

Lahcen : Des couples riches reviennent vivre chez leurs parents après le voyage de noce, comme pour se protéger. Quand ils ont un bébé, ils le gardent dans leur chambre pendant plusieurs années.

Lhoucein : Il ne faut pas généraliser.

Lahcen : C'est pour tous les aspects de la vie. C'est comme quand tu appelles quelqu'un de ta famille au téléphone et qu'il te passe tout le monde alors que tu n'as rien demandé. Je ne te parle même pas des mariages et des divorces ou même les cousins ont leur mot à dire. L'individu n'existe pas. C'est le tipi qui compte.

Lhoucein : Et alors ?

Lahcen : Du coup, quand les nôtres voient l'un des leurs dire ou faire des choses qui les choquent devant les autres, ils ne peuvent pas prendre du recul en se disant que chacun fait ce qu'il veut. Que si l'autre individu à l'air con, c'est son problème. Ils se sentent directement insultés, souillés. Ils voient leurs soeurs, leurs mères. Ils se voient eux-mêmes. Ils veulent tuer, détruire, brûler le tipi.

Lhoucein : Et tu penses que c'est ce qui explique notre réaction contre la voisine lesbienne ?

Lahcen : Oui. C'est ce qui explique aussi par exemple pourquoi les gens en veulent à Hindi Zahra ou Djamel Debbouze d'aller en Israël et pas à Messi qu'ils idolâtrent. Ils considèrent que Hindi et Djamel les trahissent. Ils sont dans le tipi. Messi est en dehors du tipi. Il peut aller en Israël. Les gens l'aimeront quand même.

Lhoucein : Rien que ça ?

Lahcen : Oui. Et c'est ce qui explique aussi pourquoi les gens n'acceptent pas l'idée qu'un autre marocain ne jeûne pas. Ils s'en fichent si c'est un étranger. Toujours cette histoire d'identification au tipi.

Lhoucein : Je suis sûr que ton histoire de gène du tipi vient d'un sociologue occidental.

Lahcen : Non. C'est Ibn Khaldoun qui disait cela: un grand sociologue, mais pas occidental.

Lhoucein : Ibn Khaldoun disait que nous avions le gène du tipi ? Que nous pourrions brûler le tipi de celui qui déshonorait ?

Lahcen : Il n'appelait pas cela comme ça. Mais en gros oui, il disait cela.

Lhoucein : Quel traitre Ibn Khaldoun en fait. C'est bizarre qu'il n'ait pas eu d'ennuis à son époque.

Lahcen : En effet. Il n'y avait pas Internet. Aujourd'hui on le brûlerait, au nom du tipi.

# H comme Homosexuel

Lhoucein : Le Maroc a libéré l'homosexuel anglais, c'est bien.

Lahcen : Tu défends les homosexuels maintenant ?

Lhoucein : Pas du tout. Mais c'est mauvais pour l'image du Maroc de l'avoir gardé en prison. C'est mauvais pour le tourisme, le Sahara, tout ça. Je suis patriote.

Lahcen : Tu penses qu'ils n'auraient pas dû l'arrêter ?

Lhoucein : Si, mais ils auraient dû juste lui faire peur pour qu'il ne revienne plus au Maroc, sans le garder en prison. Maintenant il raconte que les prisons au Maroc sont des camps de concentration avec des gamins de dix ans. Il appelle même au boycott du Maroc.

Lahcen : Pourquoi lui faire peur ?

Lhoucein : Coucher avec un marocain de 20 ans, c'est presque de la pédophilie.

Lahcen : Quand il s'agit de pédophilie, on arrête le vieux et on relâche le jeune, non ?

Lhoucein : Ils doivent punir le jeune marocain, sinon c'est la porte ouverte à tous les abus.

Lahcen : Quels abus ?

Lhoucein : L'homosexualité marocaine au grand jour.

Lahcen : Il parait qu'ils sont allés fouiller dans leurs téléphones pour avoir des preuves.

Lhoucein : Ce ne sont pas nos coutumes.

Lahcen : Il y a plein d'homosexuels au Maroc, depuis la nuit des temps.

Lhoucein : Il ne faut pas les encourager.

Lahcen : Cela ne te choque pas qu'ils traitent plus durement le marocain ? Les pays traitent en général mieux leurs citoyens non ?

Lhoucein : Nous traitons plus durement les nôtres car nous les aimons. Ce sont nos enfants. Les enfants des autres on s'en fiche.

Lahcen : Tu mettrais ton enfant en prison pour homosexualité ?

Lhoucein : Absolument.

Lahcen : Tu es sûr que la prison est l'endroit idéal pour l'empêcher de vivre son homosexualité ?

Lhoucein : En tout cas je le punirais d'aller contre la nature.

Lahcen : Plus de cinq cents espèces animales s'adonnent à l'homosexualité.

Lhoucein : Nous ne sommes pas des animaux. Je le soignerais.

Lahcen : Mais l'homosexualité n'est pas une maladie. Les médecins le disent depuis longtemps.

Lhoucein : Moi ça me rend malade en tout cas, rien que d'en parler.

Lahcen : Ok.

# I comme Imam


Lahcen : Le paradis est décrit comme une forêt luxuriante avec des rivières, n'est ce pas ?

Lhoucein : Et alors ?

Lahcen : Je me dis que si les prophètes avaient été canadiens, russes ou scandinaves, le paradis aurait peut-être été décrit comme une grande dune de sable ensoleillée au bord d'une mer azur.

Lhoucein : Il se trouve mon ami que les prophètes ne sont ni canadiens, ni russes, ni scandinaves.

Lahcen : Et les gens à qui ils s'adressaient non plus.

Lhoucein : Je ne sais pas pour les autres, mais le message de notre prophète s'adresse à toute l'humanité.

Lahcen : Bien sûr. Mais tu vois bien qu'une forêt avec des rivières est plus attrayante pour les gens du désert que pour les canadiens, les russes ou les scandinaves.

Lhoucein : Disons que c'est plus pédagogique de faire rêver les gens du désert avec des forêts et des rivières. Si cela leur fait plaisir, les bons musulmans russes, canadiens ou scandinaves auront des dunes de sable au paradis.

Lahcen : Absolument. De même, il est stipulé que les heureux élus du paradis auront du miel, un aliment que les orientaux adoraient. Aujourd'hui il y a des gens qui préfèrent le nutella.

Lhoucein : J'imagine que les bons musulmans qui voudront du nutella pourront en commander au paradis, mais à l'époque les gens n'auraient pas compris que les prophètes leur en parlent.

Lahcen : Exactement. Par ailleurs, la description du paradis s'adresse aux hommes, qui y trouveraient de belles femmes. On ne dit pas que les femmes y trouveraient de beaux mecs, car cela aurait contrarié leurs maris.

Lhoucein : Je ne vois pas où tu veux en venir.

Lahcen : Je veux dire que les livres religieux sont contextuels. Ils s'adressent à un public cible, dans un contexte géographique et historique très précis.

Lhoucein : Comme je t'ai dit, c'est de la pégagogie. Mais je me demande toujours où tu veux en venir.

Lahcen : Ceux qui enseignent les religions, en particulier l'islam, devraient avoir le courage d'expliquer que le Coran est arrivé dans un contexte particulier, aussi bien du point de vue géographique qu'historique.

Lhoucein : Et pourquoi c'est si important pour toi qui n'es pas très religieux.

Lahcen : Nous en avons déjà un peu parlé. Il y a des hommes (c'est souvent des hommes d'ailleurs) qui vont chercher des versets guerriers (et il y en a) pour justifier des crimes. Et puis il y en a qui vont chercher des versets misogynes (et il y en a) pour justifier des inégalités comme pour l'héritage. Ces attitudes sont dangereuses et conduisent à des injustices.

Lhoucein : Et tu proposes quoi ?

Lahcen : Il faudrait enseigner que ces versets ne s'appliquent plus tels quels, que le Coran était progressiste pour son époque, qu'il faut garder cet esprit, mais que les interprétations des versets devraient s'adapter à la société d'aujourd'hui.

Lhoucein : Quel Imam devrait jouer ce rôle d'interprétation d'après toi ?

Lahcen : Notre Imam devrait être notre raison. Plutôt que de suivre le texte de manière aveugle, il faudrait suivre notre logique.

Lhoucein : La logique humaine qui prime sur le texte ? Tu es fou.

Lahcen : C'est ce qui s'enseignait du temps de l'âge d'or de l'islam.

Lhoucein : Qui enseignait cela ?

Lahcen : Tous les savants de la maison de la sagesse du grand Calife Al Mamoun: Al Jahiz, évolutionniste avant Lamarck et Darwin, Al Kindi le cryptographe, Ibn Qurra l'astronome, Al

Khawarizmi l'inventeur des algorithmes, et bien d'autres après eux tels qu'Ibn Rochd. Tu ne vas pas me dire que c'était des agents étrangers ?

Lhoucein : Ils ont dit que la logique humaine devrait primer sur la sacralité du Coran ?

Lahcen : Ils ont même ajouté que sacraliser le texte remettait en cause l'unicité de Dieu.

Lhoucein : La logique humaine est faillible. Seul Dieu est infaillible. Le Coran est la parole de Dieu. Il faut le suivre à la lettre.

Lahcen : Dieu a transmis les versets du Coran à Gabriel, qui à récité ces versets au prophète pendant près de 20 ans, n'est ce pas ?

Lhoucein : Oui.

Lahcen : Et le prophète, qui ne savait pas écrire, a récité ces versets à ses compagnons, n'est ce pas ?

Lhoucein : Oui.

Lahcen : Et pendant plusieurs décennies, les compagnons et leurs compagnons ont écrit différentes versions de ces versets, n'est ce pas ?

Lhoucein : On dit cela.

Lahcen : Jusqu'à ce que Zaid, puis Omar, puis Hafssa, puis enfin Othman réussisse avec sa commission d'experts à garder une seule version de chaque verset, n'est ce pas ?

Lhoucein : On dit en effet que c'est Othman qui a conclu ce travail.

Lahcen : Et à l'époque, il n'y avait pas de voyelles. Elles ont été ajoutées plus tard sur les dizaines de milliers de mots du Coran, n'est ce pas ?

Lhoucein : J'ai entendu cela.

Lahcen : En plus l'Imam Malik et ses experts auraient décidé de l'ordre final des versets encore plus tard, n'est ce pas ?

Lhoucein : Malik les aurait juste remis à leur bonne place.

Lahcen : Gabriel, le prophète, ses compagnons, leurs compagnons, la commission « Othman », la commission « voyelles », la commission « Malik », sont-il des dieux ?

Lhoucen: Il n'y a qu'un Dieu.

Lahcen : Les autres sont donc faillibles, n'est ce pas ?

Lhoucein : Je vois où tu veux en venir. De toutes les façons, Dieu a protégé le Coran de toutes les modifications et a dit qu'il faut l'appliquer tel quel jusqu'à la nuit des temps. C'est écrit.

Lahcen : C'est écrit où ?

Lhoucein : Dans le Coran.

Lahcen : Ok.

# J comme Je suis John Lennon

Lhoucein : Je ne comprends pas pourquoi Haron Monis, le preneur d'otages en Australie a eu besoin de demander le drapeau de Daech en arabe.

Lahcen : Qu'est ce qui te trouble ?

Lhoucein : Monis est iranien. Il est perse et chiite. Daech est arabe et sunnite. Sunnites et chiites sont ennemis depuis toujours. Les policiers ont établi d'ailleurs que Monis n'a rien à voir avec Daech. C'est juste un type paumé. Mais pourquoi a t-il demandé un drapeau en arabe ?

Lahcen : C'est si grave que ça ?

Lhoucein : Il nous enfonce encore plus devant les télés du monde entier. De plus en plus, j'ai peur de lire le Coran dans un avion, ou même un train, de peur que l'on me prenne pour un terroriste. Qu'est ce qu'il a besoin d'un drapeau en arabe ?

Lahcen : C'est probablement le syndrome David Chapman.

Lhoucein : Qui ça ?

Lahcen : David Chapman, celui qui a tué John Lennon.

Lhoucein : Quel est le rapport ?

Lahcen : David Chapman était un type paumé qui adorait le monde de Lennon: un monde pacifiste où tous les gens sont égaux. Quand il réalise que Lennon est très riche, que la vie de Lennon ne correspond pas à ses chansons, le rêve de Chapman est brisé. Il décide de tuer John Lennon.

Lhoucein : Je ne vois toujours pas le rapport.

Lahcen : Haron Monis quitte l'Iran pour l'Australie à la recherche d'une vie meilleure, un monde fantasmé dans lequel il est important. Une fois arrivé, il réalise qu'il n'est toujours rien. Il écrit des poèmes qui sont jugés nuls. C'est comme un homme qui se sent rejetté par une femme. Il est humilié et veut la tuer. Son amour se transforme en haine. C'est comme Merrah qui voulait s'engager dans l'armée française. Quand il est refusé, il tue des soldats et des enfants juifs.

Lhoucein : Mais tu n'expliques pas le drapeau en arabe.

Lahcen : Plus les gens sont paumés, plus ils veulent que l'on parle d'eux. Lennon assure la notoriété à Chapman comme le drapeau de Daech assure la notoriété à Monis.

Lhoucein : Monis a envie que l'on parle de lui alors qu'il sait qu'il va mourir ?

Lahcen : C'est un prolongement paradoxal de l'instinct de survie. Il ne veut pas mourir seul et ne veut pas être oublié.

Lhoucein : Les médias auraient parlé de Monis avec la prise d'otage: pas besoin de drapeau.

Lahcen : Le même jour, un ancien militaire à Philadelphie a tué six personnes, trois fois plus que Monis à Sydney, mais il n'avait pas de drapeau de Daech. Les médias n'en parlent quasiment pas. Monis sait que le drapeau va faire parler de lui et que des musulmans radicaux vont le célébrer.

Lhoucein : Les médias occidentaux jouent un rôle sournois dans tout cela.

Lahcen : En effet.

Lhoucein : Ces médias sont en campagne contre l'islam. Ils nous martèlent avec tous les événements qui vont dans le sens de cette campagne et minimisent tout ce qui va dans le sens contraire.

Lahcen : En tout cas, en ce moment, tous les paumés qui veulent se venger de la société occidentale, faire peur à cette société, brandissent le drapeau de Daech en scandant « Allah Akbar ».

Lhoucein : Ils n'ont rien à voir, ni avec Allah ni avec l'islam.

Lahcen : Je suis d'accord avec le rôle sournois des médias. Mais ces terroristes, quand bien même ce sont souvent de jeunes paumés, ils sont en général musulmans, non ?

Lhoucein : Pas du tout. Si tu regardes tous ces terroristes, pas seulement Monnis, même ceux de Charlie Hebdo, dont on dit

qu'ils sont musulmans, nombre d'entre eux buvaient de l'alcool.
Lahcen : Ils n'ont quand même pas scandé « Johnie Walker Akbar », si ?
Lhoucein : Et alors ? Tu le dis toi même. Ils savent que c'est « Allah Akbar » qui fera parler d'eux et les faire prendre aux sérieux. Ils auraient l'air idiots avec « Johnie Walker ».
Lahcen : En effet.
Lhoucein : Ces mecs ne connaissent même pas l'islam. Ils ne doivent même pas faire leur prière convenablement. Le tueur de Nice ne priait même pas. Les médias ne devraient pas dire que ces tueurs sont musulmans avant de vérifier.
Lahcen : Imagine que des mecs habillés de maillots de Messi et de Neimar dégomment des supporters du Réal en criant « Barça Barça ». On dira que ce sont des ultras du Barça. Pourquoi veux tu que les médias aillent enquêter si ce sont de vrais supporters, combien de matchs ils ont vraiment vu, s'ils se souviennent de Cruyff, de Kluivert et de tous les anciens du Barça ? Ces tueurs s'affichent comme des musulmans et disent tuer au nom de l'islam. Ils sont considérés musulmans: aussi simple que cela.
Lhoucein : Je te dis qu'il ne s'agit pas de musulmans: c'est un coup monté.
Lahcen : Comment ça ?
Lhoucein : La carte d'identité oubliée dans la voiture pour Charlie Hebdo par exemple. C'est trop gros. C'est un coup monté contre notre communauté. Ils veulent toujours nous salir.
Lahcen : Qui ça « ils » ?
Lhoucein : Les impérialistes et les médias qu'ils contrôlent.
Lahcen : Je suis bien d'accord que les actes de ces terroristes servent des intérêts qui les dépassent. Mais de là à dire que les attentats où les mecs crient « Allah Akbar » sont des coups montés: Toulouse, Sydney, Bruxelles, Nice, tous des coups montés selon toi ?
Lhoucein : Nos ennemis sont capables de tout. Ils fabriquent les terroristes, les forment et les financent. Les musulmans, les

vrais, sont incapables de cela.

Lahcen : Ce sont de jeunes que l'on manipule certes, mais ce qu'ils ont appris de l'islam leur permet de se libérer de leur mal-être à travers la mort: une sorte de rédemption halal. On ne peut pas dire qu'ils n'ont rien à voir avec l'islam.

Lhoucein : Ils l'auraient commis leurs crimes avec n'importe quelle idéologie. Il y a eu et il y a encore des terroristes shintoistes, hindous, juifs, chrétiens, nazis, communistes. Ce n'est pas le problème de l'islam. Bush a raconté que Dieu lui a demandé de nettoyer l'Irak: pourquoi personne ne parle dans ce cas de terrorisme religieux ?

Lahcen : Tu as absolument raison. C'est juste que les paumés dont on parle cherchent manifestement des codes vestimentaires, des rituels et une idéologie pour exprimer leur haine, et ils trouvent cela dans un certain islam radical qui leur fait en plus des promesses de paradis.

Lhoucein : Il ne faut même pas appeler cela « islam » je te dis. Je pense qu'au contraire il manque à ces jeunes paumés, nés en occident, un socle religieux qui les accompagne depuis leur plus jeune enfance. Leur problème est un manque de religion,  pas un surplus de religion.

Lahcen : Ce ne serait pas plutôt un manque de valeurs humanistes ? Un manque de bagage critique pour ne pas accepter de tels embrigadements ? Un manque de projet concret dans leur vie ?

Lhoucein : Il leur faut en fait un bagage religieux qui les stabilise.

Lahcen : Alors pourquoi des milliers de maghrébins vont aussi rejoindre Daech ? Ils n'ont pas un socle religieux qui les accompagne depuis leur plus jeune enfance ?

Lhoucein : Ceux qui partent de chez nous sont payés. Je me souviens encore d'agents américains qui payaient les marocains pour aller combattre en Afghanistan. Pour comprendre les enjeux, il faut regarder du côté de l'impérialisme occidental. Même les grands philosophes français le disent.

Lahcen : Quels philosophes ?

Lhoucein : Michel Onfray dit lui-même que le terrorisme vient de la politique occidentale.

Lahcen : Il dit aussi que le Coran contient beaucoup de versets guerriers qui encouragent la violence.

Lhoucein : S'il a dit cela c'est qu'il parle de ce qu'il ne connaît pas.

Lahcen : Alors une fois que l'on a dit que l'Occident est impérialiste et que ses médias sont sournois, peut-on discuter de la responsabilité de l'éducation dogmatique du monde musulman dans la formation de ces jeunes tarés ?

Lhoucein : Non. Il faut d'abord souligner l'apartheid en Israël et le rôle maléfique de l'Arabie Saoudite, ambassadrice de l'Occident.

Lahcen : Tu as raison. Et ensuite on peut discuter de la responsabilité de l'éducation dogmatique ? Les terroristes disent eux-mêmes appliquer la chariaa.

Lhoucein : La chariaa ne dit pas qu'il faut chasser les chrétiens.

Lahcen : Tu sais très bien qu'il y a un verset qui dit qu'il faut faire la guerre aux non musulmans jusqu'à ce qu'ils se soumettent à l'islam ou payent un impôt spécial.

Lhoucein : C'était un contexte particulier: un contexte de guerre.

Lahcen : Alors pourquoi tu dis que pour l'héritage, le ramadan, l'alcool, l'enfer, le paradis, le cochon, les textes sont clairs ? Pourquoi tu ne contextualises pas ?

Lhoucein : Ce n'est pas la même chose.

Lahcen : Et il y a bien des hadiths qui disent qu'il faut tuer les homosexuels: Omar Matten, le tueur d'Orlando, n'avait qu'à se baisser pour les ramasser.

Lhoucein : Les hadiths ne sont pas tous vrais.

Lahcen : Ne penses tu pas qu'il faut plutôt faire en sorte que l'enseignement de l'Islam apprenne la tolérance, et seulement la tolérance, au lieu d'apprendre à se prendre la tête avec le haram et le halal ? Pourquoi ne pas rappeler la période de Bagdad avec la grande tolérance de l'époque au lieu d'enseigner qu'il faut interdire des dessins et censurer des écrits ?

Lhoucein : Interdire des dessins et censurer des écrits n'est pas du terrorisme.

Lahcen : C'est une forme de terrorisme, un premier pas. Les simples d'esprit font la même chose ensuite en éliminant ceux qu'ils estiment être contre leur religion plutôt que de les accepter. Ils ne font que reproduire ce comportement à leur manière. Ils vont juste un pas plus loin.

Lhoucein : Certes mais il faut y aller doucement.

Lahcen : Cela fait des siècles que l'on y va doucement.

Lhoucein : Tu voudrais quoi là exactement ?

Lahcen : Au delà des responsabilités occidentales dans le terrorisme islamiste qui est évident, il est urgent que les responsables musulmans aient le courage de modifier l'enseignement du dogme pour que les tarés ne puissent plus s'en servir pour exprimer leur violence. Il doivent enseigner l'amour de ses semblables, quelles que soient leurs convictions.

Lhoucein : Comme John Lennon c'est ça ?

# K comme Koubba

Lhoucein : J'ai envie d'aller à La Mecque l'année prochaine.

Lahcen : Mais tu y es déjà allé deux fois ?

Lhoucein : J'ai très envie d'y retourner. Je sens comme un appel. Cela me fait un projet que je prépare pendant des semaines. Je retrouve des musulmans du monde entier. Les incantations de la foule compacte me donnent des frissons. C'est magique. Et puis je me sens très serein à mon retour: une personne meilleure.

Lahcen : Je comprends.

Lhoucein : Tu es sûr que tu me comprends ?

Lahcen : Oui. C'est comme moi avec le classico.

Lhoucein : Comment ça le classico ?

Lahcen : C'est comme quand j'arrive à me payer un billet pour aller voir un match Barça-Real. Je prépare le voyage pendant des semaines. Et puis j'adore ces grands rassemblements, la communion avec les supporters qui viennent de partout, les chants, la pression, les frissons pendant le match. Je garde ensuite les images de la virée pendant longtemps. Cela me fait un bien fou.

Lhoucein : Comment oses-tu comparer ? Aller à La Mecque est un pillier de l'islam.

Lahcen : Je dis juste que ce que tu décris me fait penser à l'effet que me fait le classico.

Lhoucein : Tu oublies que La Mecque c'est aussi épreuve, pas que du plaisir.

Lahcen : Je sais. Il y a l'avion, la foule, des gens indisciplinés, la chaleur. Mais il y a le plaisir au bout, un bonheur certain, et c'est pour cela que tu y retournes. C'est souvent un truc complexe que le plaisir. C'est pareil pour le classico.

Lhoucein : Cela n'a rien à voir je te dis. La Mecque est un endroit sacré.

Lahcen : Mais les temples du classico, Santiago Bernabeu et le Camp Neu, sont aussi des endroits sacrés, pour plein de gens.

Lhoucein : Tu compares l'incomparable. La Mecque est la maison de Dieu.

Lahcen : C'est surtout la maison des dirigeants Saoudiens dont tu dis toi-même du mal.

Lhoucein : Mais ce n'est pas chez eux que je vais. Je me rapproche de Dieu.

Lahcen : Mais tu dis souvent que Dieu est partout. Pourquoi ne pas aller faire le pèlerinage à Sidi Chechkal, au lieu d'aller à La Mecque ?

Lhoucein : Le pèlerinage où ça ?

Lahcen : Le marabout du Saint Chechkal, à Beddouza, au bord de l'Atlantique.

Lhoucein : Je connais Beddouza.

Lahcen : Le marabout est entouré d'eau à marée haute et les gens du coin racontent que sa koubba blanche attire les sirènes la nuit.

Lhoucein : Et quel est le rapport avec le pèlerinage ?

Lahcen : C'est là que les pauvres de la région Doukkala-Abda faisaient leur pèlerinage avant que les salafistes ne l'interdisent.

Lhoucein : Mais moi j'ai les moyens. Dieu merci.

Lahcen : Justement. Si 10% des marocains qui voulaient aller à La Mecque décidaient d'aller séjourner à Beddouza, en y dépensant ce qu'ils dépensent à La Mecque, Beddouza aurait un collège dans un an, un lycée dans deux ans, la plus grande bibliothèque du Maghreb dans cinq ans, et une université prestigieuse dans dix ans.

Lhoucein : Désolé, mais ce n'est pas cela l'esprit du pèlerinage.

Lahcen : Et pourquoi pas ? Tu disais que tu voulais te sentir meilleur. Tu le serais si tu contribuais à améliorer la vie de milliers de gamins.

Lhoucein : Tu confonds tout. La Mecque est un endroit très spécial: rien à voir avec Sidek Chechkal à Beddouza. Il y a la dimension historique. À La Mecque il y a la Kaaba, la première maison d'Adam, le premier homme.

Lahcen : Le premier homme est descendu d'un arbre et il n'y en a pas beaucoup en Arabie.

Lhoucein : La Kaaba est la maison d'Abraham qui y a installé son épouse Hadjaar et son fils Ismael.

Lahcen : Après l'avoir répudiée quand son autre épouse Sarah a pu avoir son propre fils Isaac ?

Lhoucein : Quel mauvais esprit. On parle ici d'une dimension universelle: le coeur du monothéisme.

Lahcen : Tu sais. Dans Ghar Gorani, la grotte mythique de Beddouza, on trouve des dessins très anciens représentant le Dieu Amon, ou Amen, l'ancêtre de notre monothéisme.

Lhoucein : De quoi tu parles ?

Lahcen : L'inventeur du monothéisme, d'après des historiens, serait le pharaon Amon-Re, appelé aussi Amen-Ra, le fils du soleil. Les gens scandaient « Amen » devant lui. C'est de là que vient le « Amen » des prières juives, chrétiennes et musulmanes. Ils font des reconstitutions de cérémonies de prière à Louxor en Egypte, où il y a son temple, très troublantes.

Lhoucein : Je ne suis jamais allé en Egypte. Tu dis qu'il y a des représentations de ton pharaon à Beddouza ?

Lahcen : Oui. Et c'est de là que viendrait le nom Amouni, du fameux quartier de Safi près de Beddouza, ou de la Dorade (Amoun ou Tamount) en signe de respect des anciens pêcheurs amazighs pour ce Dieu.

Lhoucein : Tu es sérieux ?

Lahcen : Absolument. Certains disent aussi que les vagues immenses qui se dressent au large de Beddouza sont dues à la ville immergée que Cousteau voulait venir explorer: l'Atlantide.

Lhoucein : L'Atlantide ? Comme l'hôtel à l'entrée de Safi ?

Lahcen : Oui. Et puis, Lala Fatna, la sainte qui veille sur Beddouza, c'est la fille d'Abraham, Sidi Brahim comme on dit dans la région. C'était un seigneur qui refusait que sa fille épouse un étranger. Fatna se serait suicidée en se jetant du haut de la falaise. Les gens viennent à son moussem s'y soigner car c'est devenu un haut lieu de la sorcellerie.

Lhoucein : Mais où veux tu en venir ?

Lahcen : C'est pour te dire qu'il y a tout à Beddouza: le sacrifice de la fille d'Abraham, le monothéisme, les miracles, l'Atlantide et en plus il y a de l'iode et des vagues grandioses.

Lhoucein : Tu ne respectes rien mon ami.

Lahcen : Je respecte que La Mecque soit sacrée pour toi et je comprends que cela te fasse du bien d'y aller. Je te dis juste que c'est comme le classico pour d'autres en terme de sensations.

Lhoucein : C'est tout ?

Lahcen : Non. Je dis aussi que dans l'absolu, les histoires qui te font croire que La Mecque est spéciale ne sont ni moins crédibles, ni plus fantastiques que celles qui me font dire que Beddouza est extraordinaire.

Lhoucein : C'est tout ?

Lahcen : Non. Je rajoute que que si c'est pour être une personne meilleure, un pelerinage à Beddouza ferait mieux l'affaire.

Lhoucein : Et moi je te dis que tu ne respectes rien.

Lahcen : Je te promets que je respecte toutes les croyances.

Lhoucein : Oui mais tu les mets toutes au même niveau.

# L comme Laïcité

Lhoucein : Mon fils devient insupportable.

Lahcen : Au fait, il a quel âge maintenant ?

Lhoucein : Cinq ans et il veut que le monde soit dirigé suivant des règles strictes, parfois complètement irrationnelles.

Lahcen : Comment ça ?

Lhoucein : Il est par exemple persuadé que les doudous protègent des fantômes. Du coup il veut que chacun de nous ait un doudou au lit.

Lahcen : C'est plutôt mignon.

Lhoucein : Il a entendu que tout le monde devait mettre une ceinture de sécurité, alors il en a réclamé l'autre fois dans le train. Hier soir il voulait qu'on la mette tous sur le canapé du salon quand on lui a dit que la terre tournait autour du soleil.

Lahcen : Il suffit de lui expliquer que ce n'est pas raisonnable.

Lhoucein : Ça se termine en crise à chaque fois qu'on le contrarie. Il fait aussi cela à la garderie.

Lahcen : A la garderie ?

Lhoucein : Il a arrêté de sucer son pouce, ce qui est bien. Mais maintenant il agresse ceux à la garderie qui sucent leur pouce en leur reprochant de lui en donner envie.

Lahcen : Tu sais, il paraît que c'est normal.

Lhoucein : Qu'est ce qui est normal?

Lahcen : En général, jusqu'à quatre ans, les enfants sont inconscients du danger. Puis ils en deviennent conscients à partir de cinq ans. Ils prennent peur et seules des règles strictes, souvent irrationnelles, les rassurent. Ils ne supportent pas non plus que les autres violent ces règles. C'est une forme de totalitarisme.

Lhoucein : C'est même du fascisme.

Lahcen : Heureusement, en grandissant, les enfants ont de moins en moins peur. Si on les rassure, ils deviennent moins rigides.

Lhoucein : Vivement.

Lahcen : Pour les sociétés humaines c'est pareil. Sauf qu'elles prennent plus de temps pour grandir, et parfois retombent temporairement en enfance.

Lhoucein : Comment ça les sociétés humaines ?

Lahcen : Quand ces sociétés ont peur, elles cherchent des règles rigides qui les rassurent. Plus les sociétés ont peur et plus les règles sont irrationnelles. Les discours populistes qui glorifient ces règles et promettent de punir ceux qui les trangressent séduisent. Ces sociétés deviennent totalitaires. Elles préfèrent des masses compactes. Les individus les angoissent.

Lhoucein : Drôle d'analogie avec mon fils.

Lahcen : C'est comme les allemands qui ont voté Hitler après la crise. Ils avaient peur de la pauvreté et voulaient être rassurés. Ils dénonçaient les juifs et les gitans. Même chose pour les russes qui adulaient Staline au point de dénoncer leurs propres parents en les accusant d'anti-communisme. De même pour ceux qui adulaient Mao, Mussolini et Franco.

Lhoucein : Et tu vas me dire qu'il n'y a rien de cela chez les américains et les français ?

Lahcen : Bien sûr que si. La chasse aux communistes en Amérique dans les années 50 est un autre exemple de totalitarisme. Certains politiciens français par exemple surfent aujourd'hui sur la peur irrationnelle du voile, comme si son interdiction allait redonner du travail aux gens.

Lhoucein : Absolument. Ils mettent en avant leur sacro-sainte laïcité.

Lahcen : Ils se fourvoient sur le sens du mot. Laïcité signifie au contraire séparation des croyances, irrationnelles, de la gestion de la chose publique qui doit être rationnelle. Je ne vois pas comment ils arrivent à y mettre l'interdiction du voile ou du burkini.

Lhoucein : En tout cas, nous sommes d'accord que ces peurs

conduisent à des comportements nauséabonds.

Lahcen : Exact. C'est comme celui qui trouve normal chez nous que tous les marocains naissent automatiquement musulmans, qu'aucun ne doit avoir le droit d'afficher une autre croyance de peur d'ébranler ses convictions. C'est exactement comme ton fils qui ne veut pas que d'autres sucent leur pouce.

Lhoucein : Tu pousses un peu.

Lahcen : Non. C'est la peur de sortir de son confort et d'affronter le doute. La peur conduit à s'imposer des règles strictes. Ceci est halal et ceci est haram. Et ensuite les imposer aux autres. Tout cela pour se rassurer soi-même.

Lhoucein : Tu parles pour moi ?

Lahcen : Je parle en général.

Lhoucein : Ceux dont tu parles sont de mauvais musulmans. Les bons musulmans n'ont pas peur. Ils ne veulent pas forcer les autres à obéir à des règles irrationnelles. Ils respectent les différences.

Lahcen : Pour toi un bon musulman respecte les autres religions, n'est ce pas ?

Lhoucein : Oui.

Lahcen : Il respecte même les couples non mariés ?

Lhoucein : Oui.

Lahcen : Il respecte même les athées ?

Lhoucein : Oui.

Lahcen : Il n'utilise pas la religion pour décider s'il faut augmenter les salaires, construire une route ou un barrage, n'est ce pas ?

Lhoucein : Non.

Lahcen : Il ne l'utilise pas non plus pour attirer des incrédules à voter pour lui, n'est ce pas ?

Lhoucein : Non.

Lahcen : C'est donc un laïc.

Lhoucein : Tu m'énerves.

# M comme Mouton

Lahcen : Tu as acheté ton mouton ?

Louhcein: Tu vas encore critiquer ? Tu vas me dire que c'est barbare d'égorger un mouton ?

Lahcen : Pas du tout. C'est moins barbare que de mettre un crabe vivant dans une casserole d'eau bouillante.

Lhoucein : Tu vas me dire que l'argent pourrait servir à autre chose?

Lahcen : Non plus. Tous les peuples ont besoin de fêtes comme les mariages et de rites comme le mouton pour oublier les tracas du quotidien et faire des folies.

Lhoucein : Tu me sembles bien raisonnable. C'est louche.

Lahcen : Tu ne me réponds toujours pas. Tu as acheté ton mouton?

Lhoucein : Pas seulement un, mais trois.

Lahcen : Pourquoi trois?

Lhoucein : Un pour nous, un pour la famille de la petite bonne, et un pour le gardien.

Lahcen : Pourquoi tu ne leur donnes pas l'argent directement pour qu'ils achètent eux-mêmes leurs moutons?

Lhoucein : Ce n'est pas pareil.

Lahcen : Ça fait moins seigneur féodal, c'est ça ?

Lhoucein : J'étais sûr que tu allais trouver quelque chose.

# N comme Nobel

Lhoucein : Je viens d'entendre à la radio que 20% des prix Nobel sont juifs: info ou intox ?

Lahcen : Je pense que c'est vrai. J'avais lu un truc comme cela moi aussi. On parle ici du judaïsme au sens communautaire et pas forcément religieux car ces Nobels sont souvent athées.

Lhoucein : Ils sont combien dans le monde, les juifs ?

Lahcen : 0.2% des personnes dans le monde sont juifs.

Lhoucein : et 20% de Nobels ? C'est dingue !

Lahcen : Cela veut dire tu as 100 fois plus de chance de croiser un Juif dans une réunion de Nobels que si tu te balades dans une rue au hasard.

Louhcein: Certains doivent dire qu'ils sont génétiquement plus intelligents.

Lahcen : C'est comme si on disait que l' « arabe du coin » à le gène de l'épicerie.

Lhoucein : Et pourquoi ils ont plein de prix Nobel à ton avis ?

Lahcen : C'est peut-être comme pour l' « arabe du coin » justement.

Lhoucein : Comment ça ?

Lahcen : Celui que l'on appelle l' « arabe du coin » en France, à tort, est en fait souvent un amazigh de la région d'Agadir. Au début du siècle dernier, les français sont allés les chercher par dizaine de milliers pour les enrôler dans leur armée ou les employer dans leurs mines.

Lhoucein : Et ils se sont retrouvés épiciers ?

Lahcen : Absolument. Après les deux guerres et la fermeture des mines, ils se sont retrouvés sans rien. On leur a permis de ramener leurs familles du bled pour les remercier mais ils n'avaient pas accès pour autant à beaucoup emplois. Ils ont privilégié les petites épiceries, délaissés par les « français de souche » devant la concurrence des grandes surfaces. La seule manière pour l'épicerie de survivre économiquement était d'ouvrir tard le soir et le week-end. L' « arabe du coin » a travaillé dur et en famille. Puis il a transmis cette culture à ses enfants, non seulement en France, mais aussi ailleurs en Europe.

Lhoucein : Et le rapport avec les Nobels juifs ?

Lahcen : En Europe justement, les juifs n'avaient pas accès à la terre, ni à l'armée. Ils ne pouvaient être ni agriculteurs ni militaires. Ils se sont concentrés sur les études pour exercer des métiers de service. Puis ils ont transmis cette culture des études à leurs enfants qui, une fois émigrés en Amérique, y ont fait la même chose en accédant majoritairement aux grandes universités. Dans certains départements scientifiques de ces universités, il y a pu y avoir plus de « David » que de filles certaines années.

Lhoucein : C'est donc le fait de les avoir empêché de posséder la terre et de servir dans l'armée qui en a fait des prix Nobel ?

Lahcen : En quelque sorte. Ils ont du s'adaper en se concentrant sur les études pour survivre, comme l' « arabe du coin » a survécu grâce à son épicerie.

Lhoucein : Et tu penses que ça va durer ?

Lahcen : Il n'y a pas de raison sociologique que cela dure longtemps. Aujourd'hui personne n'empêche les juifs de posséder la terre. La proportion de juifs disposant de doctorats diminue par exemple aux Etats-Unis au profit des américains d'origine asiatiques. Cela reflète une évolution vers d'autres métiers et se traduit par une dilution. Il y a plus de chances de voir des scientifiques d'origine asiatique recevoir des prix Nobel dans les prochaines décennies tout simplement parce qu'ils sont plus nombreux dans les grandes universités.

Lhoucein : Et l' « arabe du coin » ?

Lahcen : Il n'y a plus d'avenir dans l'épicerie à cause de Carrefour-Contact. Les grandes surfaces en ont créé aux centres-villes des petites qui ouvrent tard le soir et souvent le dimanche. À part une petite minorité qui se lance dans le créneau halal, la majorité des « arabes du coin » a compris que le salut de la nouvelle génération passe par à l'école.

Lhoucein : Et tu penses qu'ils vont y arriver ?

Lahcen : Il n'y a aucune raison qu'ils n'y arrivent pas. C'est de nouveau une question de survie, d'autant plus qu'ils doivent avoir de meilleures notes pour avoir les mêmes chances que les autres dans le marché du travail à cause de la discrimination à l'embauche liée à leurs prénoms. On voit d'ailleurs de plus en plus d'enfants d'origine maghrébine avoir les meilleures notes des bacs en Europe.

Lhoucein : Et dans les pays musulmans ?

Lahcen : Les choses évoluent positivement après la très longue période de léthargie. Les turcs viennent d'obtenir le prix Nobel de chimie. Les iraniens ont d'excellentes universités et devraient avoir plein de distinctions avec la fin de l'embargo et la multiplication des échanges.

Lhoucein : Et les pays arabes ?

Lahcen : Les universités n'y sont pas au niveau pour l'instant. Toutes les universités du monde arabe réunies publieraient moins d'articles par an que la seule université de Harvard.

Lhoucein : Pas d'espoir du tout ?

Lahcen : Une petite lueur en Tunisie, peut-être.

Lhoucein : Tu ne vas pas me parler de leur prix Nobel de la Paix ?

Lahcen : Je ne pensais pas à cela, mais pourquoi pas ?

Lhoucein : Cette histoire de Nobel de la paix à la Tunisie est une farce. Les occidentaux décernent leurs petites récompenses à leurs meilleurs serviteurs. Ils expriment leur islamophobie en récompensant ceux qui servent leur dessein comme ces laïcards tunisiens.

Lahcen : Pourtant, la récompense va indirectement aussi au parti Ennahda, qui est islamiste, mais qui s'est déclaré s'engager dans une vraie voie démocratique assurant les libertés individuelles.

Lhoucein : Et tu vas me dire que la Tunisie est un modèle n'est ce pas ?

Lahcen : On parle des études. Au Maghreb, ce sont les plus instruits.

Lhoucein : C'est juste qu'ils sont moins nombreux.

Lahcen : S'ils sont moins nombreux et plus instruits c'est qu'ils ont eu, entre autres, Bourguiba.

Lhoucein : Bourguiba ?

Lahcen : Il a eu le courage de se lancer dans l'alphabétisation de masse et la limitation des naissances.

Lhoucein : Tu vas idéaliser Bourguiba c'est ça ?

Lahcen : Non. Il a mal fini. Mais il a été courageux au début. Il n'a pas surfé sur la religion, lui. Il a bu un jus d'orange en plein discours pendant une journée du ramadan pour signifier que le plus important était de faire son travail correctement. Il a donné le droit de vote aux femmes et leur a demandé d'aller travailler pour leur pays. Il a investi dans l'éducation et la santé au lieu d'investir dans l'armement. Il a proné une politique étrangère équilibrée au lieu d'ouvrir grandes ses portes aux wahhabites.

Lhoucein : Un islamophobe je te dis.

Lahcen : Les autres dirigeants de la région de la même époque on manqué de courage. Ils voulaient juste rester au pouvoir. Au lieu de prendre le risque de limiter les naissances, de créer des sociétés laiques, de proner l'esprit critique, ils ont sacralisé l'ignorance et la peur, comme des parents vampires.

Lhoucein : Des parents vampires ?

Lahcen : Il y a en gros deux sortes de parents. Il y a d'une part ceux qui apprennent aux enfants à s'émanciper, en prenant le risque qu'ils volent de leurs propres ailes et s'éloignent d'eux. Et il y a d'autre part les parents qui racontent à leurs enfants des histoires terrifiantes, pour les garder sous leur domination. Ces parents vampires font cela car eux-mêmes ont peur de finir seuls, comme Saroumane.

Lhoucein : Saroumane ? Le méchant du seigneur des anneaux ?

Lahcen : Pour assoir son pouvoir, Saroumane a fabriqué une armée d'Orques, des automates en boue, des Wargs, des loups qui surveillent les Orques, et des Nazguls, des aigles géants qui traquent tous ceux qui contestent sa domination.

Lhoucein : Et tu dis que les dirigeants du monde arabe ont fait cela ?

Lahcen : Sauf peut-être Bourguiba.

Lhoucein : Ils ne sont quand même pas sortis de l'auberge les tunisiens.

Lahcen : Personne n'est jamais complètement sorti de l'auberge. La démocratie est quelque chose de fragile. Mais au moins ils peuvent entrevoir la lumière au bout du tunnel.

Lhoucein : Et chez nous ?

Lahcen : Mohammed V aurait pu faire la même chose que Bourguiba. Quand les gens te voient dans la lune, tu peux prendre le risque de leur apprendre à s'envoler. Il est mort trop tôt.

Lhoucein : Tu penses que c'est cuit pour nous ?

Lahcen : Pas du tout. Je regrette le temps perdu mais j'ai envie de croire que nous sommes de nouveau sur la bonne voie.

Lhoucein : Inchallah.

# O comme Offense

Lhoucein : Si on revient avec calme à cette histoire de Charlie Hebdo, une fois que l'on a condamné la violence, on peut se demander pourquoi leurs journalistes avaient autant besoin de caricaturer notre prophète.

Lahcen : Certains journalistes racistes se défoulent, certes. Pour d'autres, la caricature des religions est juste devenue un réflexe.

Lhoucein : Un réflexe ?

Lahcen : Ils sont issus de cette tradition anticléricale où il a fallu se battre contre l'Eglise pendant plusieurs siècles pour réduire son pouvoir politique et la séparer de État. Depuis la nuit des temps et partout dans le monde, le rire et la caricature ont été des armes redoutables contre toutes les dictatures, y compris les religieuses.

Lhoucein : Tu exagères.

Lahcen : L'humour est ce qui nous sépare le plus des animaux. Les chiens par exemple savent se battre, savent demander, savent chanter, mais ne savent pas faire d'humour. Einstein disait que l'humour est la chose la plus absolue dans notre monde d'humains.

Lhoucein : Mais quel besoin de nous attaquer, nous les musulmans ?

Lahcen : Ils ne t'ont pas attaqué toi. Ils ont caricaturé une idéologie. Certains des caricaturistes de Charlie Hebdo tués étaient des humanistes qui se battaient contre l'islamophobie.

Lhoucein : Ils ont caricaturé notre prophète. Nous on ne se moque pas de Jésus, leur prophète.

Lhacen: Mais ils se moquent aussi de Jésus. Ils sont athées.

Lhoucein : Ils ne respectent rien.

Lahcen : Ils respectent la liberté.

Lhoucein : La liberté n'est pas de choquer les autres.

Lahcen : Mais choquer est l'essence même de l'humour. Il s'agit de prendre le contre pied d'une situation, donc de choquer en se moquant des petits, des grands, des gros, des handicapés, des religieux etc.

Lhoucein : Mais il faut des limites. Il faut penser aux gens offensés.

Lahcen : Tu aimerais quoi comme limite?

Lhoucein : Il faut proclamer une loi qui interdirait de toucher au sacré. On ne peut pas offenser des millions de personnes, gratuitement.

Lahcen : Et ta loi interdirait quoi par exemple ?

Lhoucein : De dessiner notre prophète en tout cas.

Lahcen : Et si c'est un dessin qui montre le prophète en homme sensible, versant une larme sur les morts de Charlie Hebdo ?

Lhoucein : Interdiction.

Lahcen : Et un dessin qui montre le prophète en victime, en train d'être égorgé par des terroristes pour souligner le fait que ces tueurs seraient contre lui aujourd'hui ?

Lhoucein : Interdiction.

Lahcen : Et un dessin du prophète tirant un chameau pour rappeler qu'il était pauvre et travaillait dans une caravane ?

Lhoucein : Tous les dessins qui caricaturent le sacré devraient être interdits.

Lahcen : Donc si des gens ont une croyance qu'ils considèrent sacrée, ta loi devrait interdire de la caricaturer, n'est ce pas ?

Lhoucein : Absolument.

Lahcen : En Inde la vache est sacrée. Ta loi interdirait la vache-qui-rit par respect pour le milliard d'indiens ?

Lhoucein : Ton parallèle est débile. Choisis un exemple sérieux.

Lahcen : Ta loi interdirait donc la Bible.

Lhoucein : Pourquoi la Bible ?

Lahcen : La Bible dit à travers Noé que ceux qui ne croient pas en Yahvé doivent être égorgés comme des brebis. C'est assez caricatural, en plus d'être violent, non ?

Lhoucein : Je ne connais pas bien la Bible.

Lahcen : Et le Coran ?

Lhoucein : Et pourquoi le Coran ?

Lahcen : Le Coran dit que ceux qui croient en d'autres divinités qu'Allah sont du bétail qui mange des plantes épineuses. C'est caricatural aussi non ?

Lhoucein : Les divinités dont tu parles sont des statues vénérées en Arabie à l'époque du prophète.

Lahcen : Pas seulement des statues. On vénérait aussi les enfants d'Allah.

Lhoucein : Les enfants d'Allah ? Tu es sérieux ?

Lahcen : Très sérieux.

Lhoucein : Tu confonds avec les chrétiens qui prennent Jésus pour le fils de Dieu, ce qui est une hérésie. Allah n'a jamais eu de fils.

Lahcen : En effet.

Lhoucein : Tu m'as fait peur.

Lahcen : On ne lui attribuait pas de fils, mais des filles.

Lhoucein : De qui tu parles ?

Lahcen : Aluzza, la déesse des étoiles, Manat, celle de la mort, et Allat, celle de la fécondité.

Lhoucein : Celles dont parle le Coran ?

Lahcen : Oui. Allat aurait ressemblé à la déesse grecque Athéna, Manat à Némésis, Aluzza à Aphrodite, qui aurait elle-même ressemblé à Osiris en Egypte.

Lhoucein : Et d'où tu sors qu'on disait que c'étaient les filles d'Allah ?

Lahcen : Les historiens qui ont étudié l'époque pré-islamique l'ont écrit.

Lhoucein : Ce sont des imposteurs. La notion même d' « Allah » n'a aucun sens avant le prophète.

Lahcen : Et pourtant, le père du prophète s'appelait Abd-Allah, non ?

Lhoucein : On s'éloigne de notre sujet.

Lahcen : Pas vraiment. Ce que je veux dire c'est que les premiers musulmans étaient contents que la caricature ait été autorisée. Le prophète caricaturait aussi les autres croyances.

Lhoucein : Tout cela est bien vieux.

Lahcen : Aujourd'hui même, à chaque fois que tu dis « Allah Akbar », tu ne dis pas seulement que Dieu est grand. Tu dis en fait que Dieu est le plus grand, que les autres sont plus petits, des minus par rapport à Allah.

Lhoucein : Où veux tu en venir ?

Lahcen : La caricature est inhérente à la diversité, à la liberté d'expression. L'interdire signifierait revenir au temps du procès de Galilée que l'on accusait d'ébranler la foi des chrétiens de l'époque en dessinant une terre qui tourne et qui n'est pas le centre de l'univers. Il a été accusé de caricaturer le sacré.

Lhoucein : Mais tu ne peux pas tout permettre non plus. On interdit bien le racisme.

Lahcen : En effet. Discriminer où injurier des personnes en fonction de leur ethnie doit être puni par la loi. Mais il est fondamental pour une démocratie de permettre la critique d'idéologies, dont les religions.

Lhoucein : Et que penses tu de ceux qui censurent tout anti-sionisme en l'assimilant à de l'anti-sémitisme ?

Lahcen : Ils sont pathétiques et rendent un mauvais service à la liberté d'expression.

Lhoucein : Il y a deux poids et deux mesures.

Lahcen : Oui. Le sionisme est une idéologie que tout le monde devrait pouvoir critiquer et caricaturer. L'anti-sémitisme doit être puni par la loi.

Lhoucein : Je suis d'accord, même si je n'aime pas le terme anti-sémitisme car il contient déjà en son sein un certain racisme en donnant l'impression que discriminer les juifs est spécial par rapport à discriminer les gitans, les jaunes ou les noirs.

Lhoucein : Tout à fait. Tout cela montre bien que la limite est floue.

Lahcen : Je ne pense pas. L'exemple que tu donnes entre anti-sionisme et anti-sémitisme illustre en fait cette limite. De manière similaire, quelqu'un qui dit par exemple que l'histoire amazighe est une farce m'agacerait beaucoup certes, mais il devrait avoir le droit de le dire, même si pour illustrer son propos il utilise une caricature de la reine amazigh Kahina en train de faire la vaisselle de Okba le conquérant arabe. Par contre, quelqu'un qui dit que les membres de la tribu des Ait Lhoucein sont des vauriens devrait être puni.

Lhoucein : Celui qui insultera ma tribu n'est pas encore né.

# P comme Pluie

Lahcen : Pourquoi elle est à l'envers ta djellaba ?

Lhoucein : J'ai oublié de la remettre à l'endroit après la prière de la pluie aujourd'hui.

Lahcen : Mais il a plu hier ?

Lhoucein : Ce n'est pas assez. Il faut que la pluie continue.

Lahcen : Mais la météo avait de toutes les manières annoncé de la pluie pour toute la semaine.

Lhoucein : On ne sait jamais.

Lahcen : En tout cas pourquoi la djellaba à l'envers ? L'idée de la mettre à l'envers c'est de signifier que l'on souhaite un changement de temps non ?

Lhoucein : C'est comme cela qu'on fait et puis c'est tout. Tu ne vas pas commencer à te moquer encore ?

Lahcen : Non. Je ne me moque pas. Si tu y crois, c'est bien.

Lhoucein : Tu dis que c'est bien. Donc tu penses que cela peut avoir un effet sur la pluie ?

Lahcen : Non. Je ne crois pas du tout cela. Mais je ne me moque pas. Si tu y crois, c'est ton droit d'aller prier pour la pluie avec ta djellaba à l'envers.

Lhoucein : Je suis sûr que tu te moques. Tu disais l'autre fois que c'était comme la danse des indiens d'Amérique.

Lahcen : Ben oui. C'est un peu la même chose.

Lhoucein : Tu vois. Tu te moques.

Lahcen : Mais je te dis que je ne me moque pas du tout. Dans toutes les régions arides, les peuples ont imploré les dieux pour avoir de la pluie. Cela était le cas dans l'ancienne Egypte et même encore aujourd'hui dans les Balkans par exemple.

Lhoucein : Oui mais avec la danse des indiens tu te moques.

Lahcen : Non. C'est un truc sérieux pour eux. Chez les indiens hopis, les religieux prennent des serpents entre leurs dents. Les serpents ne peuvent pas mordre mais ils s'agitent et tout le monde danse à leur rythme en chantant. Ensuite les serpents sont lâchés. Quand ils retombent, ils filent vers leur terrier. C'est une indication pour Dieu que les hommes ont besoin de la pluie.

Lhoucein : Mais ils sont ridicules ces hopis, non ?

Lahcen : Non. Les indiens hopis formaient un grand peuple. Ils descendaient des mayas.

Lhoucein : Il n'empêche que c'est ridicule cette histoire de serpent qui indique à Dieu que la terre a besoin de pluie.

Lahcen : Toi tu n'as pas de serpent entre les dents mais tu mets la djellaba à l'envers. C'est juste une autre coutume, c'est tout.

Lhoucein : Leur histoire de serpent est ridicule. Rien que d'y penser cela me fait rire.

Lahcen : Tu vois, c'est toi qui te moques.

# Q comme Quolibet

Lahcen : J'ai vu que tu pestais contre la sortie du film « Much Loved ».

Lhoucein : Le film du fils du mec de la pub et de  ...

Lahcen : Je te parle du film, pas du réalisateur et encore moins de son père et de sa mère.

Louchein: Je me pose des questions sur ses motivations pour faire un film comme ça.

Lahcen :    Peut-être veut-il dénoncer la prostitution à Marrakech. Peut-être cherche t-il des sujets chocs. Peut-être veut-il juste raconter une histoire de femmes.

Louhcein: Pourquoi laisser filtrer des séquences particulières avant la sortie du film ?

Lahcen : Si ça se trouve, ce n'est pas lui qui a laissé filtrer des séquences.  Attendons de le voir.

Lhoucein : J'espère que le film sera interdit.

Lahcen : Tu l'as vu ?

Lhoucein : J'ai vu un extrait.

Lahcen : Et tu peux juger à partir d'un extrait, qui n'est peut-être même pas tiré du film ?

Lhoucein : Oui cela me suffit pour dire qu'il doit être interdit.

Lahcen : Et pourquoi ?

Lhoucein : Le langage est vulgaire, les gens sont vulgaires, le sujet est vulgaire, tout est vulgaire.

Lahcen : Des millions de gens chez nous parlent comme cela. Le film est juste réaliste. Il traite d'un sujet dur, celui de la prostitution. Le film ne va quand même pas montrer des prostituées en caftan, parlant arabe classique en écoutant de la musique andalouse, si ? Il parle d'une réalité.

Lhoucein : Ce n'est pas une raison. Les gens vont aux toilettes.

C'est une réalité. On ne va pas en faire un film de ce qu'ils y font. En plus il faut protéger la réputation de nos femmes.

Lahcen : Comment ça ?

Lhoucein : Il y a des parents conservateurs dans ce pays qui sont soucieux de l'image de leur fille. Ce film insulte les marocaines et leurs parents.

Lahcen : Ce sont les mêmes parents qui veulent marier leur fille à un fils de bonne famille ?

Lhoucein : Tu me cherches ?

Lahcen : Je ne parlais pas de ta fille. Le film parle d'un petit groupe de filles, pas de toutes les filles du pays.

Lhoucein : Tu vas encore me sortir ton histoire de gène du tipi, c'est ça ? En tout cas, c'est un film obscène.

Lahcen : Tu trouves cela plus obscène que le spectale quotidien des enfants aux yeux révulsés par la drogue qui vendent des kleenex au feu rouge chez nous ?   C'est plus obscène que le spectale quotidien des mecs qui sifflent des femmes dans la rue comme si c'était du bétail ?

Lhoucein : Tu amènerais tes enfants voir ce film ?

Lahcen : Non, mais ce n'est pas une raison pour l'interdire aux adultes.

Lhoucein : Il ne faut pas encourager ce genre de films.

Lahcen : Tu sais très bien que son interdiction ne changera rien. Au contraire, les gens seront encore plus motivés pour le voir. Ils le trouveront sur Internet ou en DVD.

Lhoucein : Je sais, et cela n'a rien à voir.

Lahcen : Comment rien à voir ?

Lhoucein : Le but de l'interdiction n'est pas d'empêcher les gens de le voir.

Lahcen : Quel est le but ?

Lhoucein : Le but est de ne pas montrer que l'on permet de montrer des choses comme cela ?

Lahcen : Je ne comprends pas.

Lhoucein : Cela ne correspond pas à nos mœurs.

Lahcen : De quoi tu parles ?  Le Maroc, comme le reste du monde arabe, est l'un des plus grands consommateurs de films pornos au monde.

Lhoucein : Je te dis que cela n'a rien à voir.

Lahcen : Tu es sérieux ?

Lhoucein : Nos moeurs disent que l'on ne montre pas ce genre de choses. Elles ne disent pas que l'on ne fait pas ce genre de choses.

Lahcen : Donc on interdit, sachant que ce n'est pas vraiment une interdiction car les gens peuvent le voir sur Internet, et on s'insurge contre le film, sachant qu'il est très réaliste ?

Lhoucein : En gros, oui.

Lahcen : Il y a des films comme cela partout dans le monde. Pourquoi est-ce si insupportable pour nous de permettre la diffusion d'un tel film ?

Lhoucein : Si les autres veulent encourager de tels films, c'est leur problème.

Lahcen : Peut-être que les autres dont tu parles assument plus leur réalité et que nous nous en avons honte. Nous souffrons en fait du syndrome du « miroir de la honte ».

Lhoucein : Qu'est ce que tu es en train de me sortir encore ? Quel syndrome ?

Lahcen : Le fait de montrer à quelqu'un l'image de quelque chose en lui qui lui fait honte.

Lhoucein : Je sens que tu vas m'embrouiller, mais vas-y, développe.

Lhoucein : Tu as remarqué que l'actrice principale se fait beaucoup insulter n'est ce pas ?

Lhoucein : Il faut dire qu'elle cherche les ennuis.

Lahcen : Elle se fait surtout insulter par des femmes d'ailleurs, n'est ce pas ?

Lhoucein : En effet. D'ailleurs ma femme ne la supporte pas, même si elle ne rate pas les émissions françaises où elle passe.

Lahcen : C'est peut-être le « miroir de la honte ».

Lhoucein : Tu veux dire que si ma femme déteste autant cette actrice, c'est parce qu'elle même se sent un peu prostituée et qu'elle en a honte ?

Lahcen : Je n'ai jamais dit cela. Je suis sûr que ta femme a d'autres raisons.

Lhoucein : Ok.

Lahcen : C'est comme les homosexuels.

Lhoucein : Les homosexuels ?

Lahcen : Les hommes qui les détestent présentent aussi le syndrome du « miroir de la honte ».

Lhoucein : Tu veux dire que le fait que je déteste les homosexuels signifie que j'en suis un peu et que cela me dégoute ?

Lahcen :  Je ne parlais pas de toi.

Lhoucein : Ok.

# R comme Ramadan

Lhoucein : Pendant tout ce mois de ramadan, ils n'ont pas arrêté de nous provoquer les déjeûneurs publics. Ils n'ont qu'à manger et boire chez eux.

Lahcen : Ils se battent contre cet article débile de la loi marocaine qui envoie en prison « tout individu notoirement connu pour son appartenance à la religion musulmane qui rompt ostensiblement le jeûne dans un lieu public ».

Lhoucein : Cet article n'est pas débile. La majorité chez nous n'est pas prête à accepter que des marocains rompent le jeûne en public. Il faut respecter cette majorité. Le but du jeûne est d'être solidaires avec nos pauvres en nous mettant à leur place. De quel droit tes déjeûneurs casseraient-ils cette belle solidarité en public ?

Lahcen : Cela fait en gros 14 siècles maintenant qu'on se met à la place des pauvres un mois par an, en gros 42000 jours, c'est à dire 504000 heures. J'espère que nos pauvres réalisent leur chance.

Lhoucein : Quel mauvais esprit. Les jeûneurs ont faim et soif. Voir quelqu'un dans la rue avec une glace en pleine journée les énerve.

Lahcen : Et ça ne dérange pas que les touristes fassent la même chose ?

Lhoucein : Ce n'est pas pareil.

Lahcen : Un blond qui se balade avec une glace pendant le ramadan agace moins qu'un basané que l'on considérerait comme « notoirement connu pour son appartenance à la religion musulmane » ?

Lhoucein : Bien sûr.

Lahcen : Tu te rends compte que nous sommes l'un des seuls

pays au monde qui applique des lois discriminant ses propres citoyens par rapport aux étrangers. Ses lois ont d'ailleurs été établies par des magistrats français pour s'assurer que la population indigène se soumette à sa religion et indirectement à ses dirigeants. Nous appliquons encore ces lois comme des colonisés. Comment se plaindre ensuite du délit de « sale gueule » en Occident si nous le pratiquons chez nous ?

Lhoucein : Et tu suggères quoi ?

Lahcen : Au moins ne pas faire de distinction.

Lhoucein : Empêcher les étrangers de manger en public serait mauvais pour notre économie.

Lahcen : Alors il faudrait abolir la loi.

Lhoucein : Un étranger a une excuse. Il ne sait peut-être pas que c'est le ramadan. Un marocain qui rompt le jeûne en public provoque sciemment la communauté. Il est dangereux.

Lahcen : Plus dangereux que tous ceux qui brûlent un feu rouge pendant le ramadan ?

Lhoucein : Beaucoup plus.

Lahcen : Pourtant, brûler un feu peut tuer.

Lhoucein : Celui qui brûle le feu rouge peut tuer quelques personnes, certes, mais il ne va pas affaiblir notre communauté comme celui qui rompt le jeûne.

Lahcen : Bizarre quand même ton raisonnement.

Louhcein: C'est comme à l'armée. Celui qui commet une imprudence peut causer la mort de certains de ses camarades. Mais celui qui dit qu'il ne veut pas se battre nargue et affaiblit toute l'armée. Il démotive les troupes.

Lahcen : Mais nous sommes en guerre contre qui ?

Lhoucein : Contre nous-mêmes. L'État protège la communauté de ses éléments défaillants pour assurer au plus grand nombre une place au paradis.

Lahcen : Que l'État se contente de leur assurer une place dans les hôpitaux.

Lhoucein : les déjeûneurs publics pourraient être lynchés par la foule. En appliquant la loi, la police leur sauve la vie.

Lahcen : Je pense pour ma part que cette loi encourage les

lyncheurs. Tu sais d'où vient le verbe « lyncher » d'ailleurs ?

Lhoucein : Non mais je sens que tu vas me le dire.

Lahcen : De Charles Lynch, un juge américain qui au 18ème siècle décida de conclure ses procès par des exécutions sommaires. Le Klu Klux Klan aimait bien l'idée. Tous ceux considérés comme ayant offensé la suprématie des blancs étaient lynchés. Des milliers de noirs en fûrent victimes. Il y avait les membres actifs qui lynchaient, les sympathisants qui applaudissaient, et puis ceux qui expliquaient que les noirs auraient du rester discrets au lieu de provoquer les blancs en marchant dans leurs quartiers. Ils étaient tous du Klu Klux Klan.

Lhoucein : Tu m'accuses d'être du Klu Klux Klan maintenant ?

Lahcen : Pas du tout. Je veux juste te dire que, suivant ton raisonnement, la police aurait dû arrêter les noirs pour leur éviter de se faire lyncher. L'espace public, comme son nom l'indique, est à tous. Le rôle de l'état n'est pas d'aller dans le sens des délires d'une foule. Au contraire, l'état doit faire respecter le droit de chacun, des touristes, de ceux qui sont « notoirement connus pour leur appartenance à la religion musulmane », tout comme de ceux qui ne veulent juste pas l'être.

Lhoucein : Tout le monde ne peut pas faire n'importe quoi dans l'espace public. Pourquoi ne pas se promener nu dans la rue tant qu'on y est ?

Lahcen : Tu compares les déjeûneurs publics à des nudistes ?

Lhoucein : Pourquoi pas ?

Lahcen : Pour que ton analogie tienne, il faudrait que la loi permette de se balader nu pendant 11 mois, puis que le $12^{ème}$ elle permette cela juste aux blonds.

Lhoucein : Ecoute. Cette nuit est celle du destin, la nuit pendant laquelle le prophète est allé visiter l'au-delà. Tu es en train de me parler de protéger les déjeûneurs ici-bas, alors que je te parle de nous protéger de l'enfer et de nous assurer le paradis pour l'éternité.

Lahcen : Tu y crois à cette histoire du prophète qui aurait décollé à bord de la fusée Bourak avec l'ange Gabriel pour aller voir l'enfer et le paradis ? Ce ne serait pas plutôt une parabole ?

Lhoucein : Non. C'est écrit.

Lahcen : Tu crois qu'ils ont vu l'enfer dans lequel brûlaient des mecs qui ont bu du vin et couché avec plein de filles ?

Lhoucein : Oui. C'est écrit aussi.

Lahcen : Et tu crois qu'ils ont vu ensuite le paradis dans lequel des mecs en train de boire du vin et de coucher avec plein de filles ?

Lhoucein : Où veux tu en venir ?

Lahcen : On dit que l'enfer est pavé de bonnes intentions. Ne serait-ce pas le paradis qui serait pavé de mauvaises ?

Lhoucein : Tu m'embrouilles, alors que je manque de nicotine et de caféine.

Lahcen : Désolé.

# S comme Sahara

Lhoucein : Nous sommes amis depuis l'enfance, nous nous entendons bien, mais nous ne sommes d'accord sur rien de fondamental. Cela me fait de la peine.

Lahcen : Mais si, nous sommes d'accord sur plein de choses.

Lhoucein : Quoi par exemple ?

Lahcen : La question du Sahara par exemple.

Lhoucein : Tu penses quoi exactement de cette question ?

Lahcen : Je pense que cette histoire d'un peuple sahraoui qui aurait existé depuis longtemps,  qui aspirerait à un pays indépendant, et qui aurait les moyens de le faire prospérer, n'a aucun sens.

Lhoucein : Entièrement d'accord. C'est n'importe quoi. Les algériens sont jaloux et nous mettent des bâtons dans les roues en soutenant le Polisario.

Lahcen : Je ne pense pas que les algériens soient jaloux de nous. Nous sommes dans la même galère.

Lhoucein : Ils sont jaloux de notre monarchie, de notre stabilité.

Lahcen : La monarchie est importante pour notre stabilité à nous. Eux ont une histoire différente.

Lhoucein : Tu te contredis mon ami. Tu dis que nous sommes dans la même galère, puis ensuite que nous sommes différents.

Lahcen : Nous partageons beaucoup de choses avec eux, même si nos régimes politiques sont différents. Pense aux pays nordiques: la  Norvège, le Danemark, la Suède, l'Islande et la Finlande. Les trois premiers sont des monarchies alors que les deux derniers sont des républiques. Pourtant ils se ressemblent beaucoup culturellement et forment un bloc politico-économique solide avec leur fameux conseil nordique.

Lhoucein : En tout cas, je ne veux pas être dans la même galère que les algériens.

Lahcen : Dans son excellent bouquin « Une brève histoire de l'avenir », Jacques Attali explique que le Maroc et l'Algérie pourraient former un des blocs les plus solides de ce siècle s'ils s'entendaient.

Lhoucein : Qu'est ce qu'il connaît au Maghreb ton grand Jacques ?

Lahcen : Il est algérien d'origine et a conseillé plusieurs présidents français depuis Mitterand.

Lhoucein : En tout cas, ce sont tes frères algériens qui ferment les frontières et nous empoisonent la vie en soutenant nos ennemis. Je me demande vraiment ce qu'ils y gagnent.

Lahcen : Leurs dirigeants détournent l'attention du peuple en lui fabriquant un ennemi et s'enrichissent dans les contrats d'armement. Par ailleurs, comme nous, ils sont coincés par les occidentaux qui tendent des pièges à nos deux pays, des pièges dans lesquels nous tombons les yeux fermés.

Lhoucein : Tu me reproches souvent ma complotite. Voilà que tu fais la même chose.

Lahcen : De Gaulle aurait même dit qu'il fallait que la France aide nos deux pays à s'entretuer.

Lhoucein : Pathétique.

Lahcen : Les occidentaux souflent sur les braises de nos divisions pour mieux exploiter nos richesses, pour nous vendre leurs armes. Ce que nous dépensons pour nous défendre l'un contre l'autre nous permettrait de construire des hôpitaux et des universités de tout premier plan.

Lhoucein : Nous sommes d'accord sur cela aussi.

Lahcen : Tu vois.

Lhoucein : Les occidentaux veulent détruire la nation arabe.

Lahcen : Et pourtant ce sont eux qui l'ont inventée.

Lhoucein : De quoi tu parles ?

Lahcen : Tu sais qui en 1916 conseilla au Cherif Hussein d'afficher une identité arabe ?

Lhoucein : Tu vas me le dire.

Lahcen : Le lieutenant Lawrence, officier de l'armée

britannique.

Lhoucein : Lawrence d'Arabie ? Le copain d' Omar Sharif ?

Lahcen : Lui-même. Le but des britanniques était de soulever les tribus arabes contre les turcs, alliés des allemands. Ils ont encouragé l'idée d'une nation arabe pour l'opposer à l'empire ottoman.

Lhoucein : Ils avaient promis aux arabes leur indépendance après la guerre. Nous sommes en effet d'accord.

Lahcen : Absolument. Au lieu de cela, ils ont créé des petits états tout aussi vulnérables que du temps de la colonisation. Au lieu de donner aux syriens le grand pays du croissant fertile comme convenu, ils ont créé le Liban et Israël. Les français ont gazé Damas quand elle s'est révoltée et les anglais ont procédé à des assassinats ciblés pour anéantir l'élite politique arabe.

Lhoucein : Quels fourbes. Ils ont encouragé la création du sentiment arabe contre le sentiment musulman représenté par le califat ottoman.

Lahcen : Tout à fait. Tu vois nous sommes d'accord sur plein de choses.

Lhoucein : Heureusement qu'il nous reste notre religion pour leur tenir tête. Ils ne s'attendaient sûrement pas à ce que nous restions quand même unis sous la banière de l'islam.

Lahcen : Mais cela aussi est leur œuvre machiavélique.

Lhoucein : Tu vas trop loin avec ta complotite mon ami. Les occidentaux ont toujours essayé de briser la nation musulmane.

Lahcen : Quelques décennies après avoir humilié les arabes, les occidentaux ont réalisé qu'il fallait aller plus loin. Les masses arabes, frustrées par la trahison occidentale, commençaient à admirer le marxisme. Ils menaçaient leurs gouvernants à la solde de l'Occident capitaliste. L'empire Ottoman ne représentait plus de danger. Le nouveau danger venait des aoviétiques avec leurs alliés en Syrie et en Egypte.

Lhoucein : Et quel est le lien avec la nation musulmane ?

Lahcen : Les occidentaux ont alors lancé une maneuvre au moins aussi machiavélique que la création du sentiment arabe. À partir de l'Arabie, berceau du pétrôle qu'ils ont vite contrôlé, ils ont aidé les saoudiens à propager les idées d'un islamisme rigoriste. Cela a coincidé avec ce que l'on appelle l'islamisation de l'enseignement et son arabisation renforcée. Il fallait détourner les masses arabes du marxisme révolutionnaire et les endormir.

Lhoucein : Endormir les masses arabes avec l'islam rigoriste ?

Lahcen : C'est comme le judo.

Lhoucein : Le judo ?

Lahcen : Tu me disais que tu avais mis ton fils au judo quand il est devenu turbulent et que cela l'avait calmé.

Lhoucein : Quel est le rapport ?

Lahcen : Au judo, on met un kimono, comme le voile ou la gandoura. Au judo, on récite des formules en japonais qu'on ne comprend pas en se concentrant sur des mouvements précis.

Lhoucein : Je ne vois toujours pas le rapport.

Lahcen : Au lieu de penser aux inégalités, on se concentre sur la longueur du kimono et les noms des mouvements de judo en japonais. Et puis on a des objectifs précis: la ceinture jaune, la marron, la noire, $1^{er}$ Dan, $2^{ème}$ Dan, etc.

Lhoucein : Drôle d'analogie.

Lahcen : C'est une technique qui marche très bien pour endormir les masses.

Lhoucein : Et tu vas me dire que le « terrorisme islamiste », comme tu l'appelles, arrange les occidentaux ?

Lahcen : Je ne parle pas des peuples occidentaux qui en souffrent aussi, bien que neuf sur dix victimes du terrorisme islamiste soient musulmans.

Lhoucein : Et tu parles de quoi ?

Lahcen : Des lobbys militaristes qui les influencent. Ce terrorisme leur permet de contrôler les pays producteurs de pétrôle. L'Arabie Saoudite est le premier importateur d'armes au monde. C'est le seul qui a accepté de payer les nouveaux avions français. Les autres pays de la région suivent derrière. Ils achètent des armes occidentales en utilisant leurs richesses naturelles, sans acquérir aucune technologie. Les peuples musulmans se concentrent sur les kimonos.

Lhoucein : Ton raisonnement se tient. Je suis d'accord sur tout, sauf sur une chose.

Lahcen : Quoi ?

Lhoucein : Ton histoire de kimono.

Lahcen : Ce n'est pas grave. Nous sommes quand même d'accord sur plein de choses.

# T comme TOC

Lahcen : Tu as l'air joyeux.

Lhoucein : Je rentre de chez ma mère. Je suis toujours content quand je reviens de chez elle.

Lahcen : Ta mère t'a dit que tu étais le plus beau et le plus intelligent n'est ce pas ?

Lhoucein : Elle me le dit toujours, que Dieu la garde. Je t'avoue que cela me fait du bien.

Lahcen : Ton père te disait cela ?

Lhoucein : Pas du tout.

Lahcen : Cette difference de traitement est assez générale chez nous en effet.

Lhoucein : Je crois aussi.

Lahcen : Je pense que cette différence est la source de beaucoup de nos troubles du comportement.

Lhoucein : De quoi tu parles ? Je n'ai aucun trouble.

Lahcen : Je ne parle pas de toi. Je parle en général, comme d'habitude.

Lhoucein :  Et de quels troubles parles-tu ?

Lahcen : Les hommes chez nous ont un « moi » qui a du mal à gérer son grand écart.

Lhoucein : Quel grand écart ?

Lahcen : L'écart chez les hommes marocains entre leur « ça » et leur « surmoi » est tellement grand que leur « moi » n'arrive pas à le gérer.

Lhoucein : Parle normalement s'il te plait.

Lahcen : Les mères chez nous encensent leurs garçons plus que partout ailleurs dans le monde.

Lhoucein : Tant mieux. Et alors ?

Lahcen : Elles encensent notre « ça », notre côté instinctif. On fait ce qu'on veut quand on est petit. On mange n'importe comment. On dort à n'importe quelle heure. On se fait servir. On est félicité et applaudi pour n'importe quoi. Nos mères excusent nos pires conneries. Elles nous imposent peu de règles à nous les garçons.

Lhoucein : En tout cas la mienne ne m'a jamais rien imposé.

Lahcen : Exactement. Ton père ne faisait pas cela n'est ce pas ?

Lhoucein : Tu rigoles. Mon père c'était le contraire. Tu l'as connu.

Lahcen : Education à la dure.

Lhoucein : En effet.

Lahcen : Nos pères représentent ce que le « surmoi » : l'autorité. C'est l'exact le contraire de ce que fait la mère. Les pères frappent ou crient fort: souvent les deux et parfois pour rien. Nous sommes l'une des régions du monde avec le plus de violence des pères envers leurs fils.

Lhoucein : Je ne savais pas.

Lahcen : Du coup nous développons un écart énorme entre le « ça » et le « surmoi ». Cet écart se fait dès notre plus jeune âge et se creuse plus tard dans la vie.

Lhoucein : Plus tard dans la vie ?

Lahcen : Oui. Il se creuse un écart entre ce que nous avons envie de faire, en gros nos instincts qui n'ont pas été maitrisés quand nous étions petits, et ce que nous interdit une société très conservatrice, représentée par un père fouettard.

Lhoucein : Et alors ?

Lahcen : Alors le « moi », ce qui en nous doit réguler les rapports entre le « ça » et leur « surmoi », est paumé. Il est incertain. Il ne sait jamais où il en est. Il y a un sentiment de doute permanent.

Lhoucein : Continue.

Lahcen : On oscille entre un auto-misérabilisme et une auto-glorification, entre la mère et le père. Cela explique notre susceptibilité maladive, nos blessures narcissiques, notre violence, nos bagarres avec ceux qui nous regardent de travers. Cela explique beaucoup de nos contradictions.

Lhoucein : C'est un peu trop complexe ton truc quand même.

Lahcen : Pense au ballon de volley qui se vrille après un gros tournoi.

Lhoucein : Quel est le rapport avec le volley ?

Lahcen : Le garçon chez nous est comme un ballon de volley. La mère est la passeuse. Elle lève le ballon très haut dans le ciel, aidée en cela par les soeurs, les tantes et les grand-mères. Toutes les femmes du tipi s'y mettent. Le ballon vole très haut, plus haut que chez tous les autres peuples.

Lhoucein : Cette fois je te vois venir.

Lahcen : Le père qui s'agace de ce garnement qui veut lui prendre sa place en volant aussi haut, smashe. Le smasheur s'écrase sur le ballon. Plus la mère lève haut, plus le smash fait mal. Toi tu es le ballon. Tu voles très haut, puis tu t'écrases très fort. Plus tu a été haut, plus la chute fait mal.

Lhoucein : Terrible ton histoire de ballon.

Lahcen : Au bout d'une centaine de smashs, tu commences à te vriller. Tu veux à ton tour smasher tout ce que tu peux. Même si tu te trouves une femme qui reproduit le schéma de ta mère, la société extérieure te smashe. Au bout de mille smashs tu deviens complètement schizophrène.

Lhoucein : Je n'ai jamais aimé le volley.

# U comme Unions

Lahcen : Tu trouves donc normal que le code pénal marocain envoie en prison des adultes qui ont des relations sexuelles sous pretexte qu'ils ne sont pas mariés ?

Lhoucein : Oui.

Lahcen : Il n'y a quasiment plus aucun pays au monde avec une telle loi.

Lhoucein : Le code pénal protège les citoyens. Si les autres pays s'en fichent de leurs citoyens, c'est leur problème.

Lahcen : Cette loi protège les citoyens de quoi ?

Lhoucein : De faire n'importe quoi avec leur corps.

Lahcen : Ils ne font de mal à personne.

Lhoucein : La loi les protège d'eux-mêmes.

Lahcen : Mais s'il s'agit d'adultes consentants ?

Lhoucein : Il faut les protéger des maladies et des avortements.

Lahcen : Tu veux dire que s'ils ont des préservatifs, tu serais d'accord qu'ils n'aillent pas en prison ?

Lhoucein : Non.

Lahcen : Alors quelle est la vraie raison pour laquelle tu veux les envoyer en prison ?

Lhoucein : Il faut aussi les protéger de la foule qui pourrait les lyncher.

Lahcen : Comme pour les déjeûneurs de ramadan c'est ça ? Et s'ils sont dans un hôtel à l'abri des regards ?

Lhoucein : Non plus.

Lahcen : Alors qu'est ce qui te dérange ?

Lhoucein : Ils doivent attendre le mariage comme tout le monde.

Lahcen : Mais c'est leur problème. Les marocains se marient de plus en plus tard. Parfois ils divorcent. Ils ont des relations sexuelles hors mariage. C'est un fait. Pourquoi faut-il en faire des hors-la-loi ?

Lhoucein : L'idée de ces gens qui forniquent librement est contre la religion.

Lahcen : Mais toi aussi tu as eu des relations sexuelles hors mariage. Je crois même t'avoir entendu me dire que tu étais fier que ton fils soit un séducteur.

Lhoucein : C'est vrai, il est comme moi. Il fait craquer les filles.

Lahcen : Et tu trouverais normal quand il sera grand qu'il aille en prison s'il se fait choper ?

Lhoucein : Je lui dirai de faire très attention. Et puis je connais quelques commissaires.

Lahcen : Tu te rends compte que tu défends une loi que tu n'as pas respectée et que tu encourageras ton fils à ne pas respecter.

Lhoucein : Le tout c'est de rester discret pour garder le sens des valeurs familiales.

Lahcen : Les valeurs familiales en apparence c'est ça ? Et tu penses quoi de cette histoire d'amour entre nos deux ministres islamistes ?

Lhoucein : Cela arrive dans tous les pays du monde.

Lahcen : Je suis d'accord. C'est même un signe de bonne santé d'une société que ses responsables puissent tomber amoureux.

Lhoucein : Tu vois. Il n'y a pas de quoi faire un fromage.

Lahcen : Il se trouve que dans ce cas les ministres en question étaient mariés.

Lhoucein : Cela aussi arrive partout dans le monde. En fait elle a divorcé. Tu ne vas pas me dire que tu as un problème avec ça non ?

Lahcen : Du tout. C'est une bonne évolution de la société marocaine que la femme puisse demander le divorce. Et c'est bien qu'une femme ministre donne l'exemple en montrant qu'elle divorce si elle n'est pas heureuse.

Lhoucein : Voilà. Je te dis qu'il n'y a pas de quoi faire un fromage.

Lahcen : Le ministre ne divorce pas lui, n'est ce pas ?

Lhoucein : Non.

Lahcen : Il va faire comment ?

Lhoucein : On dit qu'il va épouser la ministre, tout en gardant sa femme actuelle.

Lahcen : C'est bizarre non ?

Lhoucein : Cela se passe aussi ailleurs dans le monde.

Lahcen : Ah bon ?

Lhoucein : Sauf que chez nous, au lieu d'avoir une maitresse et une femme, le ministre aura deux femmes. Les deux auront des droits. C'est plus sain qu'en Occident je te dis.

Lahcen : Et sa femme actuelle est d'accord ?

Lhoucein : Bien sûr. Dans notre religion, la femme doit être accord que le mari en épouse une deuxième. On dit même qu'il va aller demander la main de son amoureuse avec sa première femme.

Lahcen : Il y aura les deux femmes au repas de fiancailles ?

Lhoucein : Probablement. Nous faisons les choses dans les règles.

Lahcen : Le mec sera entre son ancienne et sa nouvelle maitresse ?

Lhoucein : Et alors ? Il gardera probablement les deux.

Lahcen : J'ai quand même du mal avec cette idée.

Lhoucein : Sa femme est d'accord qu'il en prenne une deuxième. Tu deviens réactionnaire d'un coup, toi qui défend toujours la liberté de l'individu. Sois cohérent.

Lahcen : C'est un problème de symétrie.

Lhoucein : Quelle symétrie ?

Lahcen : Si ça se trouve, la ministre aurait voulu aussi garder son ancien mari, en plus du nouveau.

Lhoucein : Tu rigoles ? L'ancien mari n'aurait jamais voulu.

Lahcen : En fait, l'ancien mari aurait pu participer lui aussi au repas de fiancailles de sa femme avec un autre.

Lhoucein : Tu es fou ? Impossible.

Lahcen : Pourquoi ?

Lhoucein : C'est humiliant pour lui et pour les hommes en général. Tu te rends compte. La femme serait entre son ancien et son nouvel amant.

Lahcen : En effet.

# V comme Voile

Lhoucein : Au fait, tu es pour ou contre le voile ?

Lahcen : C'est compliqué.

Lhoucein : Tu souhaiterais qu'il soit interdit c'est ça ?

Lahcen : Non.

Lhoucein : Tu méprises les voilées ?

Lahcen : Pas du tout.

Lhoucein : Tu en as pitié ? Tu penses que leurs pères et leurs maris les obligent à se voiler, c'est ça ?

Lahcen : Non. Je pense que la majorité de celles qui se voilent le font de leur plein gré, pour autant que l'on puisse vraiment être libre de ne pas l'être. Il y a souvent une pression sociale, certes, mais rarement une obligation familiale directe.

Lhoucein : L'obligation vient de Dieu mon ami qui ordonne aux femmes « qu'elles ne montrent leurs atours qu'à leurs maris ou à leurs pères ou à leurs frères ou aux fils de leurs frères, ou aux fils de leurs maris, ou aux femmes musulmanes ou aux esclaves qu'elles possèdent, ou aux domestiques mâles impuissants ».

Lahcen : Je me demande ce que signifie dans ce contexte « posséder un esclave » et comment on reconnait un « domestique impuissant ».

Lhoucein : Ce n'est pas du tout le point. Tu penses que le Coran n'interdit pas formellement le voile, c'est ça ?

Lahcen : Je t'avoue que je ne me pose pas vraiment ce problème.

Lhoucein : Dieu a aussi ordonné au prophète de dire à ses épouses, à ses filles, et aux femmes des croyants « de ramener sur elles leurs grands voiles : elles en seront plus vite reconnues et éviteront d'être offensées ».

Lahcen : Si le but du voile est d'éviter aux femmes d'être offensées, il n'est donc pas nécessaire si personne ne les offense quand elles n'en portent pas ?

Lhoucein : Tu m'embrouilles.

Lahcen : Désolé.

Lhoucein : Je n'arrive pas à savoir ce que tu penses vraiment du voile. Tu es neutre, c'est ça ?

Lahcen : Non plus.

Lhoucein : Tu me fatigues.

Lahcen : Pour moi, le voile c'est comme les épinards. Je n'aime pas, mais je suis contre l'interdiction.

Lhoucein : Drôle d'analogie. Et pourquoi tu n'aimes pas ?

Lahcen : Plusieurs raisons. D'abord tu penserais quoi de quelqu'un qui se baladerait avec un t-shirt sur lequel serait marqué « l'Hélium est mon Dieu » ?

Lhoucein : Que c'est de la provocation.

Lahcen : En effet.

Lhoucein : Quel est le rapport ?

Lahcen : Je pense que chacun devrait garder sa croyance pour lui. Ne pas l'afficher dans la vie publique. Mais je suis contre l'interdiction de l'afficher car il est toujours difficile de définir les limites. Souvent des islamophobes se cachent derrière de telles interdictions, comme parfois en Europe.

Lhoucein : Mais si la croyance de la personne stipule qu'il faut mettre un voile ?

Lahcen : Et si la croyance du mec stipule qu'il faut mettre le t-shirt sur l'Hélium ?

Lhoucein : Ce serait une croyance débile. C'est quoi cette histoire du Dieu Hélium ?

Lahcen : L'Hélium est partout. Il ne peut être vu mais permet aux étoiles de briller. Il remplit l'univers. Il peut nous soulever dans les cieux ou nous faire retomber. Il peut prendre toutes les formes. Il peut créer et détruire. Tout vient de l'Hélium.

Lhoucein : Tu me fais marcher ?

Lahcen : Pas du tout. Je dis que des gens pourraient décider d'afficher leur croyance en l'Hélium.

Lhoucein : Et moi je te dis que cette histoire d'Hélium est débile.

Lahcen : Celle du voile ne l'est pas moins.

Lhoucein : Comment ça ?

Lahcen : Il y a plus de trois mille ans, le roi Teglat d'Assyrie proclama une loi obligeant les femmes à se voiler car leur chevelure le faisait penser à leur toison pubienne. Tu trouves cela intelligent ?

Lhoucein : Tu es sûr de ton histoire ?

Lahcen : On a retrouvé les tablettes de l'époque. Depuis, des juifs, des chrétiens, puis des musulmans ont repris cette loi, qui a ensuite presque disparu partout avant de revenir en force.

Lhoucein : Elle n'a jamais disparu chez nous.

Lahcen : Il y a un demi-siècle, aucune fille chez nous ne mettait le voile au lycée ou à l'université. C'est l'autre raison pour laquelle je n'aime pas trop le voile. Son apparition massive ces dernières décennies est de mon point de vue un retour en arrière.

Lhoucein : Et pourquoi cela serait-il mauvais ?

Lahcen : C'est un retour vers un monde dans lequel la femme est inférieure car elle doit plus se cacher que l'homme. Cette direction conduit de mon point de vue au sous-développement, comme tout ce qui est contraire à l'égalité des droits entre les sexes.

Lhoucein : Et si le voile était au contraire chez nous ce qui permettait à beaucoup de femmes de s'affirmer et de conquérir l'espace public ?

Lahcen : Je comprends ce que tu veux dire et tu as probablement raison. Il y a comme un certain militantisme derrière ce symbole de l'asservisement.

Lhoucein : Tu vois.

Lahcen : Mais c'est comme si des esclaves avaient accepté de porter des chaines symbolisant leur soumission pour pouvoir sortir dans la rue. Je trouve que nous aurions pu nous passer de cette période voilée et surfer sur la vague de modernisme que nous avons connue après l'indépendance, sans ce pénible détour.

Lhoucein : Je te sens parfois nostalgique.

Lahcen : Nostalgique de quoi ?

Lhoucein : Tu es nostalgique non seulement des filles non voilées au lycée, mais plus généralement de l'époque où des jeunes fumaient pendant le ramadan à l'université. Tu es nostalgique des cinémas de quartier, des cafés, des patisseries, de la philosophie au lycée, des concours des Miss, des annales du bac de l'académie de Bordeaux, de la cravate et de la jupe.

Lahcen : Tu as un peu raison.

Lhoucein : Tu es nostalgique des restes de la colonisation française.

Lahcen : Tu exagères.

Louhcein: Non. D'ailleurs j'ai oublié un truc.

Lahcen : Quoi ?

Lhoucein : Les maisons closes.

Lahcen : N'importe quoi.

Lhoucein : Nous nous sommes émancipés de cette colonisation. Nous sommes revenus à nos sources.

Lahcen : A nos sources ? Nous sommes plutôt tombés dans une autre colonisation.

Lhoucein : Quelle colonisation ?

Lahcen : La Wahhabisation 2.0.

Lhoucein : De quoi tu parles ?

Lahcen : Les fast foods halal, la privatisation des écoles et des plages, les tenues afghanes, les appels à la prière au micro, les chaines privées islamistes, le retour du voile. Tout cela est le mélange explosif entre le salafisme et le capitalisme américain avec comme emblème le pétrodollar sur un drapeau de Daech. Nous en avions parlé d'ailleurs.

Lhoucein : Tu exagères.

Lahcen : Pas du tout. D'ailleurs j'ai oublié un truc.

Lhoucein : Lequel ?

Lahcen : Youporn.

# W comme Wings

## (Germanwings)

Lahcen : Tu as lu le dernier rapport sur l'évolution de l'athéisme
?

Lhoucein : Il dit quoi ?

Lahcen : Il y a de plus en plus d'athées dans le monde.

Lhoucein : Où ça ?

Lahcen : Les champions de l'athéisme sont la Scandinavie,
l'Australie, l'Allemagne, le Canada, la Chine, le Japon, la
Nouvelle Zélande, les Pays-Bas et la France.

Lhoucein : Les américains ne sont pas très athées, n'est ce pas
pas ?

Lahcen : Ça dépend. En Californie, à New-York et à Boston, il
y en a beaucoup.

Lhoucein : Et les pays les moins athées ?

Lahcen : En Afrique et en Asie du Sud.

Lhoucein : Plutôt des pays sous-développés. Je te vois venir
avec tes conclusions. Tu vas encore me dire que les religions
sont la cause du sous développement.

Lahcen : Je n'ai jamais dit cela.

Louhcein: Et tu dis quoi ?

Lahcen : Je pense juste que c'est comme la misère et le soleil.

Lhoucein : Comment ça ?

Lahcen : La misère est moins pénible quand on est croyant.

Lhoucein : Et donc ?

Lahcen : Il n'est donc pas surprenant que les pays dans lesquels
règne une misère certaine soient plus religieux.

Lhoucein : Ceux qui font le sondage, comment ils savent qui est
athée ?

Lahcen : Très bonne question. J'imagine qu'ils extrapolent en se basant sur un échantillon de ceux qui déclarent ne croire en aucune divinité. Ils éliminent donc tous ceux qui se disent musulmans, chrétiens, juifs, bouddhistes, etc.

Lhoucein : Les bouddhistes sont athées, non ?

Lahcen : Bouddha est une divinité pour eux.

Louhcein: Il n'y a qu'un Dieu: celui des juifs, des chrétiens et des musulmans.

Lahcen : De nombreux moines enseignent que bouddha est omniprésent , omniscient, que c'est la source de tous les êtres et de tous les univers,  celui qui entend, celui qui voit.... Cela ne te rappelle rien ?

Lhoucein : Ils disent n'importe quoi.

Lahcen : En tout cas ils ne sont pas comptés comme athées.

Lhoucein : Il y a une question qui me taraude.

Lahcen : Laquelle ?

Lhoucein : Comment ils font les athées ?

Lahcen : Comment ils font quoi ?

Lhoucein : Comment ils font pour vivre sans religion, sans morale ?

Lahcen : Mais on peut avoir une morale sans religion: « ne fais pas aux autres ce que tu ne veux pas qu'ils te fassent » est une loi morale qui n'a pas besoin de religion. Elle découle du bon sens.

Lhoucein : Et pour quelle raison les athées obéiraient-ils à une telle morale ?

Lahcen : Certains aiment leurs semblables. Certains veulent être aimés. D'autres veulent juste se sentir bien de ne pas faire de mal. Le regard que l'on a sur soi quand on fait du mal peut-être un châtiment. La culpabilité, c'est aussi un enfer.

Lhoucein : Tu m'as l'air bien renseigné: tu ne serais pas devenu athée par hasard ?

Lahcen : Non.

Lhoucein : Tu ne vas quand même pas me dire que les athées sont tous des gens bien ?

Lahcen : Pas du tout. Staline a tué encore plus qu'Hitler et il était athée. Je veux juste dire que l'on peut être athée et quelqu'un de bien, tout comme on peut être croyant et salopard

Lhoucein : Et comment les athées affrontent la mort s'ils pensent qu'il n'y a pas de vie après ?

Lahcen : Ils se disent qu'il y a une vie avant la mort et qu'ils sont chanceux d'avoir eu l'opportunité de la vivre.

Lhoucein : Ils n'ont pas peur de la mort ?

Lahcen : Ils ont peur de souffrir avant de mourir. Ils ont peur de souffrir de la mort de leurs proches. Ils ont peur que leur mort fasse souffrir leurs proches. Mais ils n'ont pas peur de leur propre mort car ils pensent qu'ils ne sentiront plus rien.

Lhoucein : Et pour eux l'être humain disparaît quand il meurt, corps et âme, sans rien laisser ?

Lahcen : Les scientifiques d'entre eux savent qu'ils sont constitués de molécules d'oxygène et d'hydrogène. Ils savent que ces molécules viennent de la nuit des temps et ne disparaîtront pas de sitôt.

Lhoucein : C'est tout ?

Lahcen : Ils se disent qu'ils restent aussi dans la mémoire de leurs proches.

Lhoucein : Tu m'as l'air quand même bien informé. Tu es vraiment sûr que tu n'es pas devenu  athée ?

Lahcen :  Je te dis que non.

Lhoucein : Et ils arrivent à vivre en se disant qu'il n'y a rien au dessus de l'Homme ?

Lahcen : Mais bien sûr qu'ils se disent qu'il y a des choses de plus grandioses que l'Homme. En fait, ils pensent même que l'homme n'est pas grand-chose justement. Ils peuvent s'émerveiller comme Russel d'une certaine perfection des mathématiques ou comme Einstein d'une certaine perfection des lois physiques de l'univers.

Lhoucein : Et ils expliquent d'où vient cette perfection ?

Lahcen : Ceux d'entre eux qui se posent la question se disent par exemple que l'univers est  mystérieux.

Lhoucein : Et comment ils expliquent la création de cet univers mystérieux ?

Lahcen : Ils disent qu'il y a eu le big bang.

Lhoucein : Et avant ?

Lahcen : Ils ne savent pas pour avant. Ils disent même que la question n'a peut-être pas de sens.

Lhoucein : Et comment ils répondent à la question de pourquoi on est là ?

Lahcen : Ils n'y répondent pas. Ils disent que cette question n'a peut-être aucun sens non plus.

Lhoucein : Tu vois ?

Lahcen : Je vois quoi ?

Lhoucein : Les athées sont coincés. Ils ne peuvent pas répondre à toutes ces questions.

Lahcen : Bien sûr. Mais la différence avec les croyants à ce niveau est juste relative au nombre de coups

Lhoucein : Au nombre de coups ?

Lahcen : Les croyants répondent à ces questions en invoquant Dieu.

Lhoucein : Bien sûr.

Lahcen : Mais si on leur pose la question de ce qu'il y avait avant Dieu, du pourquoi de Dieu, ils disent que la question n'a aucun sens.

Lhoucein : En effet. C'est ce que je dis aussi. Cela n'a pas de sens.

Lahcen : Les athées font cela le coup d'avant. Avant d'arriver à Dieu. Ils vont juste un coup moins loin. Fondamentalement, cela ne change rien du point de vue du mystère. C'est juste que les athées disent qu'il y a un mystère et les croyants appellent ce mystère Dieu, sans l'expliquer non plus.

Lhoucein : Tu es en train de me dire qu'il n'y a pas de différence fondamentale entre les athées et les croyants, ni sur leur morale, ni sur leur connaissance sur l'origine et le sens de la vie ?

Lahcen : En gros oui. La différence est ailleurs.

Lhoucein : Où ça ?

Lahcen : Dans le rapport avec ce mystère. Les croyants attribuent à ce mystère un rôle anthropomorphique.

Lhoucein : Anthropomorphique ?

Lahcen : Les croyants pensent que derrière ce mystère se cache un surveillant, un bienfaiteur, un punisseur, un protecteur, un peu à l'image d'un parent. Les athées ne croient pas cela. C'est cela la difference.

Lhoucein : C'est une différence importante. Dieu veille sur nous.

Lahcen : Voilà. Les croyants pensent donc qu'il existe un dieu qui peut intervenir dans leur vie en les sauvant d'un danger, en les aidant dans un examen ou en leur faisant gagner un match. Il peut aussi les rendre immortels en transformant leur mort en étape intermédiaire vers une autre vie.

Lhoucein : C'est ce que je crois moi aussi.

Lahcen : Les athées n'imaginent pas en fait que le mystère à l'origine de l'univers s'intéresse à leurs petits problèmes.

Lhoucein : Des petits problèmes ? Il s'agit parfois de vie et de mort d'êtres humains.

Lahcen : A l'échelle de l'univers, la taille de la terre et sa durée de vie sont ridicules. La vie et la mort d'un homme semblent l'être encore plus.

Lhoucein : Tu exagères.

Lahcen : Si l'on suppose que notre univers a 100 ans, la terre en aurait 45, la vie sous l'eau 6 mois, les premiers singes 2 jours, et les religions révélées 1 seconde.

Lhoucein : Et alors ?

Lahcen : Dieu aurait donc déclenché le big bang et attendu un siècle. Et puis, il y a une seconde, Dieu se serait soudain intéressé à l'une des planètes de la taille d'un grain de sable sur une plage immense de planètes. Il aurait demandé à l'une des 9 millions d'espèces vivantes sur cette planète minuscule de l'idôlatrer, en l'avertissant qu'il allait la surveiller de près, en particulier son régime alimentaire et sa tenue vestimentaire, puis la punir ou la récompenser. Les athées ont du mal avec cette idée. Ils disent que ce sont des fantasmes d'humains.

Lhoucein : Moi je crois en cela. Ce ne sont pas des fantasmes.

Lahcen : Tu en es sûr ou cela te fait du bien d'imaginer un protecteur, quelqu'un à qui parler quand tu as des soucis: une sorte de super psy qui t'écoute, qui va te protéger ?

Lhoucein : Ne pousse pas trop avec tes analogies. On ne joue pas avec Dieu.

Lahcen : Je ne joue pas. Ce sont des questions que je me pose aussi.

Lhoucein : Et tous ces croyants, ces milliards de religieux, ils ont tous tort ?

Lahcen : Ce n'est pas parce que beaucoup de gens pensent la même chose qu'ils ont raison. Tout le monde pensait que la terre était plate.

Lhoucein : Et ces athées pensent que les religions auxquelles nous croyons viennent de nulle part ?

Lahcen : Les athées disent que la notion de religion, telle que nous la connaissons, a été inventée par les hommes.

Lhoucein : La religion inventée par les hommes ?

Lahcen : C'est ce que disent les athées.

Lhoucein : Inventée quand ?

Lahcen : Homo sapiens a dû gérer la douleur de la mort de ses proches à travers des rites. En fait, même les singes et les éléphants ont des rites pour enterrer leur mort. Mais la religion telle que nous la connaissons aurait surtout été inventée pendant le néolithique.

Lhoucein : Le néolithique ?

Lahcen : C'est la période de la préhistoire pendant laquelle les hommes se sont sédentarisés. Ils ont commencé à cultiver des terres. Ils étaient nombreux à habiter autour de ces terres. Ils possédaient du bétail. Cette concentration était propice aux microbes. Elle a fait naître des épidémies.

Lhoucein : Je connais le néolithique, mais quel est le rapport ?

Lahcen : Ceux qui se proclamaient sorciers disaient que c'était des punitions divines. Ils ont invoqué des dieux, et des rites autour de ces dieux. Ils ont dit qu'il fallait être gentil avec eux car ils comprenaient le langage des dieux. En plus ils avaient un public: une masse critique de personnes pour les écouter. C'est important la masse dans une religion.

Lhoucein : Et nos religions viennent de cela ?

Lahcen : Les notions de prière, de punition, de sacrifice, de jeûne, de récompense, de volonté divine, de vie après la mort, tout cela vient de ce temps là. Il y a bien sûr des variantes car certains sorciers ont voulu mettre leur empreinte pour être unique.

Lhoucein : Rien que ça ?

Lahcen : Oui. Comme cela rendait en plus les gens plus dociles, plus manipulables, les chefs ont surfé sur la vague des sorciers. Ensemble, ils ont propagé ces rites et les ont enseigné dès le plus jeune âge en faisant peur aux enfants. Ils les ont accompagné de rites visibles dans la vie quotidienne pour mieux contrôler leurs peuples. L'habillement par exemple est devenu un signe d'obéissance à la religion, donc aux sorciers et aux chefs, qui étaient parfois les mêmes. Rappelle-toi mon histoire de kimono et de judo.

Lhoucein : Je te trouve bien arrogant.

Lahcen : Je te dis juste ce que pensent des athées qui réflechissent à tout ça.

Lhoucein : Tu es vraiment sûr que tu n'en es pas ?

Lahcen : Je t'ai dit que non.

Lhoucein : En tout cas cela ne doit pas être facile d'être athée, se sentir seul, sans protection.

Lahcen : Pour ceux qui sont nés athées, élevés dans un univers athée, ils sont habitués. Pour ceux nés dans un univers de croyance, c'est moins facile. C'est comme perdre ses parents.

Lhoucein : Perdre ses parents ?

Lahcen : Un enfant qui tombe du sixième étage d'un immeuble appelle sa mère. Au fond de lui, il se doute probablement qu'elle ne peut rien pour lui. Et pourtant il l'appelle. Il a un espoir improbable, mais cela lui fait du bien. Un athée qui sort de son univers de croyance est un enfant qui n'appelle plus sa mère, même s'il tombe du sixième.

Lhoucein : Bizarre ton exemple.

Lahcen : Pense à la Germanwings.

Lhoucein : La Germanwings ?

Lahcen : L'avion de la Germanwings a mis plusieurs minutes à s'écraser. Les gens savaient qu'il s'écrasait. Les croyants imploraient Dieu. Ils savaient sûrement que la probabilité que

Dieu les sauve était nulle, mais ils le faisaient quand même.

Louhcein: Et les athées ?

Lahcen : Les athées imploraient seulement le copilote d'ouvrir la porte au pilote.

Lhoucein : Aucune divinité ?

Lahcen : Voilà. Même dans ce genre de situation, ils n'arrivent pas à croire à une divinité qui pourrait les sauver de quelque situation que ce soit. Du coup, dans leur vie quotidienne, ils ne comptent jamais sur personne d'autre qu'eux-mêmes et leurs semblables. Ce sont des adultes dans l'univers.

Lhoucein : Et toi tu aurais imploré Dieu dans l'avion ?

Lahcen : Sûrement. Peut-être par réflexe, peut-être par espoir. Je ne sais pas.

Lhoucein : Donc tu es croyant ?

Lahcen : Disons que je comprends tout à fait ce que disent les athées. Ma raison penche vers leurs idées. Je suis néanmoins croyant par éducation. C'est comme celui qui a vu les dents de la mer dans sa jeunesse. S'il se retrouve seul en train de nager au milieu d'un lac profond, il va probablement y penser, même s'il se dit au fond de lui-même qu'il n'y a jamais de requin dans un lac.

Lhoucein : Tu aurais invoqué Dieu dans l'avion ?

Lahcen : Probablement.

Lhoucein : En gros, tu es paumé quoi.

Lahcen : Si tu veux.

Lhoucein : Que Dieu te remette dans le droit chemin mon ami.

Lahcen : Tu réalises que c'est paternaliste, ce que tu me dis ?

Lhoucein : C'est pour ton bien.

Lahcen : C'est même présomptueux.

Lhoucein : Je ne vois pas en quoi. Cela part d'une bonne intention. Je te souhaite de voir un jour la lumière, comme j'ai pu la voir moi-même il y a quelques années. Tout a changé depuis. Avant ma vie était vide, le néant. Je me sens mieux, beaucoup mieux.

Lahcen : Imagine que je fasse la même chose.

Lhoucein : C'est-à-dire ?

Lahcen : Imagine une seconde, juste une seconde, que je te dise un truc du genre: « J'espère que tu vas bientôt voir la lumière et arrêter de croire en toutes ces histoires. J'étais comme toi moi aussi, et puis j'ai vu la lumière et j'ai arrêté d'y croire ».
Lhoucein : Je me vexerais.

# X comme Xss Xss

Lahcen : Tu as vu le reportage sur cette fille qui se fait siffler près de trois cents fois en une heure à Casablança ?

Lhoucein : Oui. Mais il faut dire qu'elle l'a cherché.

Lahcen : Pourquoi tu dis ça ?

Lhoucein : Elle portait un pantalon rouge. Ce n'est pas conseillé au Maroc. Nous sommes des taureaux nous les marocains tu sais.

Lahcen : Il me semble que ta femme en a un aussi de pantalon rouge non ?

Lhoucein : Oui mais elle ne sort pas avec. C'est seulement à la maison avec la famille et les amis proches. Tu sais, il ne faut pas provoquer dans la rue.

Lahcen : Tu me disais l'autre fois que deux mecs ont dit des gros mots à ta femme malgré son voile et sa djellaba dans la rue.

Lhoucein : J'ai essayé d'aller les choper d'ailleurs.

Lahcen : Pourquoi faire ?

Lhoucein : Pour leur casser la gueule.

Lahcen : Tu vois, ce n'est pas que le pantalon rouge.

Lhoucein : Oui mais c'est exceptionnel. Et puis c'est comme ça dans le monde entier. Les hommes ont des instincts. C'est la biologie. C'est pour cela que la religion est importante. Elle aide les hommes à contrôler leurs instincts en demandant aux femmes d'être discrètes.

Lahcen : Une fille qui se balade en jupe à Stockholm ne se fait pas beaucoup embêter, même avec une mini jupe rouge. Ils sont majoritairement athées tu sais: rien à voir donc avec la religion.

Lhoucein : Tu me cites des pays froids. Les hommes ne sont pas virils quand il fait froid.

Lahcen : Pas virils les vikings ? Et puis c'est pareil à Sydney en

Australie où il fait chaud: les filles sont tranquilles dans la rue même si elles ne portent qu'un petit fil sur les fesses.

Lhoucein : Tu me cites des pays riches. Le problème chez nous c'est la pauvreté. Nos jeunes savent qu'ils n'ont aucune chance de rencontrer une fille si ce n'est dans la rue où ils essayent de les séduire.

Lahcen : Tu penses qu'ils veulent les séduire avec des mots grossiers ou en lui sifflant des « Xsss, Xsss » ? Les mecs ne font pas cela pour séduire, mais pour affirmer leur puissance.

Lhoucein : C'est la pauvreté et l'oisiveté je te dis.

Lahcen : Ça contribue. Mais ce n'est pas seulement cela. Il n'y a pas que les pauvres qui sont grossiers avec les filles dans la rue. Tu sais, les chinois sont majoritairement pauvres et ils ne se comportent pas comme cela.

Lhoucein : Les chinois ne sont pas virils ?

Lahcen : Cela n'a rien à voir. La Chine était une société patriarcale il y a longtemps. Confucius enseignait que la femme devait obéir à l'homme, et que celui ci pouvait avoir plusieurs épouses. En gros, les chinois de l'époque considéraient la femme comme on la considère aujourd'hui chez nous. Le communisme a établi l'égalité des droits.

Lhoucein : Tu ne veux quand même pas que l'on devienne communistes ?

Lahcen : Non. Je dis juste que la cause principale n'est ni la virilité, ni la météo, ni la tenue des femmes, ni même l'oisiveté et la pauvreté.

Lhoucein : C'est quoi alors à ton avis ?

Lahcen : C'est notre éducation.

Lhoucein : Notre éducation enseigne qu'il faut agresser les filles dans la rue ?

Lahcen : Notre éducation enseigne que la fille est un être inférieur qui doit baisser les yeux et rester gentiment à la maison en attendant le futur mari. La fille ne doit pas être dans la rue. Sinon elle peut risquer des embrouilles qu'elle mérite un peu car elle n'a pas été prudente.

Lhoucein : Et alors ?

Lahcen : Cette éducation enseigne aussi que le fils est un être extraordinaire. S'il merde dans la vie, c'est qu'il a juste manqué de chance. Il est normal, voire souhaitable, qu'il ait plein de conquêtes. Sa récompense suprême au paradis est justement qu'il en ait des centaines et qu'il les honore toutes pendant longtemps, tellement il est viril.

Lhoucein : Ou veux tu en venir ?

Lahcen : Les mecs ont leur grandeur dans la tête. Mais dans la tête seulement, car dans leur vie rien ne se passe. Wallou. Les interdictions sociales et constitutionnelles emmurent leur libido. Le grand écart entre le « ça » et leur « surmoi » : le ballon de volley est vrillé. Du coup ils expriment leur frustration et mesurent leur virilité relative en agressant les filles dans la rue.

Lhoucein : Mais cela n'explique rien.

Lahcen : Ces mecs veulent exister, avoir quelque chose à raconter, compenser le fait qu'ils sont souvent puceaux. Ils se sentent forts quand la fille est mal à l'aise, qu'elle baisse les yeux. Ils s'en fichent au fond si elle est jolie ou pas, si elle est voilée ou pas. Ils savent qu'ils n'ont aucune chance.

Lhoucein : Et tu dis qu'il faut modifier notre éducation pour empêcher cela ?

Lahcen : Oui. Seule l'égalité des droits entre les hommes et les femmes, enseignée à l'école, traduite dans les lois et donnée en exemple à tous les niveaux de l' État peut changer cela. Je sais que je me répète. Il faut enseigner aux filles à lever les yeux et faire face aux machos. Il faut encourager la mixité pour habituer les garçons à respecter les filles. Il faut leur permettre de vivre leur sexualité de manière apaisée.

Lhoucein : A chaque fois tu veux faire la révolution. Tu veux remettre en cause les fondements de notre société. Après tout, ça fait un peu le charme de nos rues ces comportements. Je suis sûr que les filles se sentent flattées, au fond.

Lahcen : Ta femme était flattée l'autre fois dans la rue ?

Lhoucein : Comment oses-tu ?

Lahcen : Pardon.

# Y comme Yoyo

Lhoucein : Voilà que maintenant ils veulent légaliser l'avortement.

Lahcen : Qui ça ?

Lhoucein : Toujours tes mécréants de modernistes au Maroc.

Lahcen : Disons qu'il faudrait le dépénaliser et l'encadrer par des médecins.

Lhoucein : N'importe quoi !

Lahcen : Les femmes se font avorter dans des conditions atroces, parfois suite à des viols, parfois avoir décelé un fœtus handicapé

Lhoucein : Ceux qui veulent légaliser l'avortement ne parlent pas seulement de viol ou d'handicap. Ils disent que le corps des femmes leur appartient, et qu'elles peuvent en faire ce qu'elles veulent, y compris donc avorter et donc tuer une créature de Dieu.

Lahcen : Il y a plein de raisons pour lesquelles les femmes veulent avorter. Et quand elles le veulent, elles le font, parfois dans des conditions terribles, en avalant du poison ou en se mutilant.

Lhoucein : Ce n'est pas une raison. On empêche bien les gens de se droguer ou de se suicider, même quand ils le font dans des conditions terribles. Ici en plus il s'agit d'une atteinte à la vie d'un bébé. Je suis fondamentalement contre. Je suis pour la vie humaine.

Lahcen : Et pourtant tu es pour la peine de mort, non ?

Lhoucein : Oui mais le bébé n'a rien fait.

Lahcen : Ce n'est pas encore un bébé.

Lhoucein : C'est une âme. L'avortement est une offense à Dieu.

Lahcen : Le but est de dépénaliser l'avortement pour qu'il

devienne une question de santé publique encadrée par des médecins.

Lhoucein : Foutaises. Ceux qui encouragent cette légalisation sont des débauchés je te dis.

Lahcen : Et si le roi dit que cela doit être dépénalisé.

Lhoucein : Il va dire cela ?

Lahcen : Peut-être. Il l'a bien fait pour donner plus de droits aux femmes avec la Moudawana.

Lhoucein : Alors c'est qu'il a ses raisons.

Lahcen : Tu seras toujours contre ?

Lhoucein : Non. Je te dis que s'il veut dépénaliser c'est qu'il a des raisons, de bonnes raisons.

Lahcen : Parfois tu me fais penser à la formule de Groucho Marx.

Lhoucein : C'est qui ?

Lahcen : Un humoriste qui avait le sens de la formule.

Lhoucein : Et c'est quoi sa formule ?

Lahcen : Il disait : « voici mes principes, s'ils ne conviennent pas, j'en ai d'autres ».

Lhoucein : On ne rigole pas avec les décisions du roi.

Lahcen : Je ne rigolais pas.

# Z comme Zèle

Lhoucein : Tu me fais parfois penser à Don Quichotte.

Lahcen : Ah bon ?

Lhoucein : Oui, Hidalgo, rêveur idéaliste qui devient fou et se bat contre des moulins à vent.

Lahcen : Tu trouves ?

Lhoucein : Absolument. Tes idées de libertés individuelles, de démocratisation de la langue, de laïcité, la majorité est contre. L'individu chez nous est moins important que le groupe. Il faut respecter la démocratie.

Lahcen : La démocratie est la règle de la majorité une fois que l'on a respecté les libertés individuelles. Le vote de quelqu'un qui est infantilisé n'a aucun sens.

Lhoucein : Par ailleurs, il faut aussi que tu réalises que les provocations que tu défends sont même contre-productives. C'est de l'excès de zèle.

Lahcen : Quelles provocations ?

Lhoucein : Les déjeûners publics, la Lopez qui se déchanche quasiment nue à la télé marocaine, le guitariste au festival Mawazine qui se tatoue le torse en solidarité avec les homos, les femens qui s'embrassent à Marrakech, le film sur les prostituées. Tout cela génère des réactions qui crispent encore plus les gens.

Lahcen : Tout cela n'est rien. Qu'un mec se tatoue le torse ou pas, les gens non concernés par l'homosexualité ou le festival devraient s'en moquer non ? Tous les week-ends des mecs qui viennent de marquer un but montrent à la télé leurs torses tatoués.

Lhoucein : Peut-être. Mais les femens qui s'embrassent ?

Lahcen : Ce n'est pas comme si elles vaporisaient Ebola dans la foule. Est-ce pire que de voir des femmes se casser le dos à porter du bois dans la montagne ou des petites bonnes trimer 24h sur 24 ?

Lhoucein : Je te dis que ces provocations braquent les gens. Ils vont refuser en bloc toutes les libertés que tu défends.

Lahcen : Je ne suis pas sûr.

Lhoucein : Tu n'es pas sûr de quoi ?

Lahcen : Sur le court terme en effet, les gens se braquent. Sur le plus long terme, c'est peut-être bien.

Lhoucein : Je ne vois vraiment pas comment ces provocations pourraient être productives.

Lahcen : Le progrès se fait grâce à des électrochocs.

Lhoucein : Des électrochocs ?

Lahcen : Oui. C'est ce qui marche en psychiatrie pour les cas sérieux. On appelle cela aujourd'hui de l'ismothérapie ou de l'électroconvulsivothérapie. Mais c'est la même chose.

Lhoucein : Les électrochocs me font penser à vol au dessus d'un nid de coucou.

Lahcen : Tu n'as qu'a penser au fractionné.

Lhoucein : Le fractionné ?

Lahcen : Quand tu t'entraînes pour une course, un marathon par exemple, tu ne vas pas toujours au même rythme. Sinon tu ne progresses pas.

Lhoucein : Tu peux augmenter ton rythme doucement, non ?

Lahcen : Cela ne marche pas. Ce qui marche c'est le fractionné. Au moins une fois par semaine, il faut faire des séries courtes et très rapides. Cela ne veut pas dire que tu vas courir à ce rythme rapide pendant ta course. Mais tu muscles ton coeur avec ces électrochocs.

Lhoucein : Et ça marche vraiment ?

Lahcen : Oui. C'est comme cela que l'on progresse. Si tu cours aujourd'hui à 10km/h et tu veux courir le marathon à 12km/h dans six mois, tu dois faire du fractionné autour de 15km/h au moins une fois dans la semaine avec de très courtes pauses entre deux « sprints ».

Lhoucein : Qui a dit ça ?

Lahcen : Tous les coachs le disent. Le fractionné est au coureur de fond ce que les gammes sont au musicien. Le zèle est crucial au progrès.

Lhoucein : Et si ton coeur se révolte. S'il ne veut pas de tout cela. S'il prend le contrôle sur la tête ?

Lahcen : C'est le risque à prendre pour progresser à la course. Sinon on peut aussi faire la sieste et rêver de Said Aouita.

Louhcein: Je préfère.

Lahcen : Et si je te disais que c'est toi le Don Quichotte qui se bat contre les moulins à vent.

Lhoucein : N'importe quoi. Je ne suis pas tout seul moi. Nous sommes nombreux, très nombreux.

Lahcen : Je pense que vous êtes tous même pires que des Don Quichotte en fait. Tu dis que je me bas contre le vent, mais vous vous battez contre un adversaire encore plus coriace.

Lhoucein : Quel adversaire ?

Lahcen : Le temps. C'est vous qui vous battez contre des moulins à vent.

Lhoucein : Et c'est quoi les moulins à vent dans notre cas ?

Lahcen : Le temps.

Lhoucein : De quoi tu parles ?

Lahcen : Tout ce que tu veux préserver, ce que tu appelles « les valeurs identitaires de notre nation », et que j'appelle moi par exemple le gène du tipi, le concordisme, les crimes d'honneur, la pudibonderie, tout cela va passer. Tous les articles du code pénal liberticides que tu défends, ils vont finir par être abolis.

Lhoucein : Et comment peux-tu en être sûr que tout cela va passer avec le temps ?

Lahcen : Il suffit de regarder l'histoire des autres peuples. Ceux qui rompaient le carême en public étaient pendus. Les maillots et les pantalons étaient interdits pour les femmes. Les crimes d'honneur étaient excusés. L'homosexualité était considérée comme une maladie. L'avortement était un crime. Mais quasiment partout dans le monde cela est passé. C'est juste que nous avons du retard sur ce plan là.

Lhoucein : Tu parles de l'histoire de l'occident.

Lahcen : Pas seulement. Toutes les sociétés du monde avaient des lois liberticides avant de les abolir et se rendre compte que l'individu doit être respecté dans ses choix. En Europe, en Amérique, en Asie: ces sociétés ont évolué.

Lhoucein : Regarde comment sont devenues ces sociétés. Aucun respect pour la famille.

Lahcen : Et tu penses que notre société est meilleure ? Toutes ces lois liberticides sont responsables de beaucoup de frustrations et donc de violence chez nous.

Lhoucein : Et pourquoi serions-nous obligés d'évoluer comme les autres ?

Lahcen : Depuis Cro-magnon, l'homme évolue de la même manière sur toute la surface de la terre. C'est juste que des endroits évoluent un peu plus vite que d'autres à certaines étapes de l'histoire. L'homme s'est mis debout partout sur la surface de la terre. Puis il est sorti de sa grotte. Puis il a inventé le feu et il l'a utilisé partout sur la surface de la terre. Il s'est ensuite sédentarisé quasiment partout. Puis il a suivi à peu près les mêmes idées religieuses partout. Puis il s'est branché sur Internet partout, etc. Le combat pour les libertés individuelles est un combat humaniste. Il n'est ni plus ni moins occidental que le combat pour l'eau douce. Et nous allons y arriver.

Lhoucein : Tu veux dire que viendra le jour où chez nous des marocains déjeûneront en public sur la plage en bikini pendant le ramadan sans que les autres ne soient choqués. Un jour où les rapports sexuels hors mariage seront permis, où l'homosexualité sera acceptée, où des marocains pourront expliquer à la télé pourquoi ils ne sont plus musulmans sans être inquiétés. C'est ce que tu dis ?

Lahcen : Absolument. C'est juste une question de temps. Tu te bats contre le temps je te dis.

Lhoucein : Tu me déprimes.

Lahcen : Pourquoi ?

Lhoucein : Tu veux vraiment savoir pourquoi ?

Lahcen : Bien sûr.

Lhoucein : Ce qui m'énerve le plus ce sont tous ces petits cons de modernistes qui vont nous narguer le jour où ces